Ulrich Babl, Claudia Christ, Andrea Huber, Martin Rister,
Christine Storch, Isabel Wunderle

BWR 7 IIIa
mit Spannung und Spaß

Betriebswirtschaftslehre/Rechnungswesen
sechsstufige Realschule

Ausgabe für den Wahlpflichtbereich IIIa

1. Auflage

Bestellnummer 74106

Haben Sie Anregungen oder Kritikpunkte zu diesem Produkt?
Dann senden Sie eine Mail an 74106@bv-1.de
Autoren und Verlag freuen sich auf Ihre Rückmeldung.

Bildquellenverzeichnis:

Deutscher Sparkassen Verlag, Stuttgart: S. 42; Globus Infografik GmbH, Hamburg: S. 14, 23, 27, 32, 36, 43; Hessischer Rundfunk, Frankfurt am Main: S. 13; MEV Verlag, Augsburg: S. 10; Project Fotos, Augsburg: S. 26; C. Storch, Wollbach: 75, 76, 133, 138, 139, 150

Grafiken:

Raimo Bergt, Berlin: S. 7, 8, 15 oben, 16, 17, 20 oben, 21 unten, 28, 34, 67, 68, 69, 70, 77, 142, 151, 154, 156, 160
Albert Kokai, Bayreuth: alle übrigen Grafiken

www.bildungsverlag1.de

Bildungsverlag EINS GmbH
Sieglarer Straße 2, 53842 Troisdorf

ISBN 978-3-427-**74106**-0

© Copyright 2008: Bildungsverlag EINS GmbH, Troisdorf
Das Werk und seine Teile sind urheberrechtlich geschützt. Jede Nutzung in anderen als den gesetzlich zugelassenen Fällen bedarf der vorherigen schriftlichen Einwilligung des Verlages.
Hinweis zu § 52a UrhG: Weder das Werk noch seine Teile dürfen ohne eine solche Einwilligung eingescannt und in ein Netzwerk eingestellt werden. Dies gilt auch für Intranets von Schulen und sonstigen Bildungseinrichtungen.

Vorwort

Liebe Schülerin, lieber Schüler!

Neben deiner zweiten Fremdsprache lernst du dieses Jahr zusätzlich das Fach **Betriebswirtschaftslehre/Rechnungswesen** kennen. Gerade Sprachen und Wirtschaftswissen eröffnet dir große Chancen für dein privates und berufliches Leben. Wirtschaft ist interessant und spannend. Da geschieht ständig Neues, da „geht viel ab".

Du willst jetzt sicherlich wissen, was dein neues Schulbuch **Betriebswirtschaftslehre/Rechnungswesen** in der 7. Jahrgangsstufe bringt. Wir bieten dir die Lerninhalte in 9 Kapiteln an – hoffentlich eine Glückszahl für dich:

- **Das wirtschaftliche Handeln im privaten Haushalt**
- **Die Prozentrechnung**
- **Die Auswertung von Belegen im privaten Haushalt**
- **Wirtschaftliches Handeln in Unternehmen**
- **Grundlagen der Buchführung**
- **Beschaffung und Einsatz von Werkstoffen**
- **Der Verkauf von Fertigerzeugnissen**
- **Buchungsverlauf mit Abschluss der Konten**
- **Auf den Punkt gebracht**

Das Kapitel „Auf den Punkt gebracht" beginnt mit einer Lern- und Übungshilfe „Lernen mit dem Wirtschaftspauk". Es folgen eine Zusammenstellung des Grundwissens und wichtiger Fachbegriffe, das Sachwort- und Abkürzungsverzeichnis. Auf der letzten Seite findest du einen vereinfachten Kontenplan. Er hilft dir dabei, die Kontennamen und deren Abkürzungen einzuprägen.

Von Beginn an begleiten dich bei deinem wirtschaftlichen Handeln und Entscheiden die **Familie Klug**, **Tochter Beate**, etwa so alt wie du, **Sohn Martin**, Auszubildender, gerade volljährig geworden, **Mutter Chris**, **Vater Hans** und der **Wirtschaftsdoc Bernd**, den du immer um Rat fragen kannst. Der Haushund **Globo** gehört auch zur Familie.

Vor allem hast du es mit zwei Firmen zu tun, nämlich dem Produktionsunternehmen von Armin Dall, **ADA-Sportartikel**, und Onkel Uwes neu gegründetem Dienstleistungsbetrieb **CompuSoft**, einem Spezialisten für PC-Hardware und -Software. Die beiden Unternehmen machen Inventur, erstellen ein Inventar und ihre Bilanzen. Sie buchen ihre Geschäftsfälle auf der Grundlage von Eigen- und Fremdbelegen. So wirst du in das neue Fach Betriebswirtschaftslehre/Rechnungswesen eingeführt, praxisnah wie im realen Leben. Die beiden Firmen wollen Gewinn erzielen, möglichst günstig einkaufen und durch Kundenfreundlichkeit höhere Umsätze erreichen.

Wir wünschen dir beim Lernen viel Erfolg und
– vor allem – auch Spaß und Spannung.

Dein Autorenteam

Inhalt

1 DAS WIRTSCHAFTLICHE HANDELN IM PRIVATEN HAUSHALT .. 7
- 1.1 Die Familie Klug stellt sich vor 7
- 1.2 Vom Umgang mit Geld 10
- 1.3 Einkommensart und Einkommenshöhe 11
- 1.4 Verwendung des Haushaltseinkommens 14
- 1.5 Vom Konsumieren und Sparen 16
- 1.6 Haushalten in der Familie: fixe und variable Ausgaben 18
- 1.7 Der Haushaltsplan 21
- 1.7.1 Einführung 21
- 1.7.2 Die Finanzplanung im privaten Haushalt 22
- 1.7.3 Geld im Griff mithilfe des Haushaltsplans 23
- 1.7.4 Erst sparen – dann konsumieren 25
- 1.7.5 Sechs große Schritte des Haushaltsplans 27
- 1.7.6 Der Taschengeldplaner – erster Schritt zum Sparen 31
- 1.8 Geld und Zahlungsverkehr 34
- 1.8.1 Entstehung und Bedeutung von Geld 34
- 1.8.2 Aktuelle Formen des Zahlungsverkehrs 35

2 DIE PROZENTRECHNUNG 49
- 2.1 Die Berechnung des Prozentwertes 50
- 2.2 Die Berechnung des Prozentsatzes 51
- 2.3 Die Berechnung des Grundwertes 51
- 2.4 Rasches Abschätzen ist vorteilhaft 52

3 DIE AUSWERTUNG VON BELEGEN IM PRIVATEN HAUSHALT . 55
- 3.1 Der Aufbau eines Beleges 55
- 3.2 Die Umsatzsteuer am Beispiel der Telefonrechnung 57
- 3.3 Die Prozentrechnung mit vermehrtem Grundwert 60

4 WIRTSCHAFTLICHES HANDELN IN UNTERNEHMEN 66
- 4.1 Das Modellunternehmen ADA 66
- 4.2 Die Erkundung eines Unternehmens 66
- 4.3 Die Firma ADA als Einzelunternehmen 69
- 4.4 Firmengründung: Was ist zu beachten? 71
- 4.5 Aufbau und Funktionsbereiche eines Unternehmens 74
- 4.6 Die betrieblichen Produktionsfaktoren 77

5 GRUNDLAGEN DER BUCHFÜHRUNG 79
- 5.1 Onkel Uwe verschafft sich einen ersten Überblick über sein Vermögen 79
- 5.2 Die Pflicht zur Buchführung 82
- 5.3 Onkel Uwe erstellt seine erste Inventarliste 83
- 5.4 Die Firma CompuSoft erstellt ihre erste Bilanz 89
- 5.5 Martin führt die Bücher für ADA 96
- 5.5.1 Der Geschäftsfall 96
- 5.5.2 Grundsätze ordnungsgemäßer Buchführung 98
- 5.5.3 Die Bedeutung der Belege 99

5.5.4	Arbeiten mit Belegen	102
5.5.5	Veränderungen der Bilanz durch Geschäftsfälle	105
5.5.6	Die Auflösung der Bilanz in Konten	111
5.5.7	Das Buchen in Bestandskonten	114
5.5.8	Der einfache Buchungssatz	116
5.5.9	Der zusammengesetzte Buchungssatz	121
5.6	Berechnung und Buchung der Vorsteuer	123
5.7	Buchungslesen	129
5.7.1	Deutung von Buchungssätzen	129
5.7.2	Das Deuten von Buchungen in T-Konten	130

6 BESCHAFFUNG UND EINSATZ VON WERKSTOFFEN 133

6.1	Wir untersuchen Eingangsrechnungen	133
6.2	Wir buchen den Einkauf von Werkstoffen	136

7 DER VERKAUF VON FERTIGERZEUGNISSEN 142

7.1	Kundenorientierung im Unternehmen	142
7.2	Die Umsatzerlöse für Fertigerzeugnisse	144
7.2.1	Wir untersuchen Ausgangsrechnungen	144
7.2.2	Wir buchen den Verkauf von Fertigerzeugnissen	146
7.3	Die Umsatzsteuer	150

8 BUCHUNGSKREISLAUF MIT ABSCHLUSS DER KONTEN 154

8.1	Erstellen der Eröffnungsbilanz am Jahresanfang	154
8.2	Eröffnung der Konten	156
8.2.1	Die Systematik der Buchführung	156
8.2.2	Die Eröffnung der Konten	157
8.3	Erfassen der laufenden Buchungen	160
8.4	Abschluss der Konten am Jahresende	166
8.4.1	Der allgemeine Kontenabschluss	167
8.4.2.	Die Firma ADA-Sportartikel ermittelt ihren Gewinn: Das Konto Gewinn und Verlust (GUV)	168
8.4.3	Das Konto Eigenkapital: Verbindung zwischen Erfolgskonten und Bestandskonten	171
8.4.4	Das Schlussbilanzkonto	174

9 AUF DEN PUNKT GEBRACHT 180

9.1	Lernen mit dem Wirtschaftspauk	180
9.2	Grundwissen – Grundbegriffe	183
9.3	Sachwortverzeichnis	188
9.4	Wichtige Abkürzungen	191
9.5	Kontenplan und Abkürzungsverzeichnis nach dem IKR	192

Zeichenerklärung

 Der Wirtschaftsdoc

 Lexikon

 Grundwissen, Grundbegriffe

 Fehlerteufel

 Zuordnungsrätsel, Rätsel für Einzel- und Partnerarbeit

 Merksätze, Merkverse

 Aufgaben für Einzel-, Partner- und Gruppenarbeit

 Aufgaben Rechnungswesen

1 Das wirtschaftliche Handeln im privaten Haushalt

1.1 Die Familie Klug stellt sich vor
Fallbeispiel

Tochter Beate

Ich bin die Beate und etwa so alt wie ihr, nämlich 13 Jahre, und besuche die 7. Klasse der sechsstufigen Realschule, Wirtschaftszweig. Ich interessiere mich für die kaufmännischen Fächer und will auch mal einen Beruf in dieser Richtung ausüben. Aber momentan interessiert mich das noch nicht allzu sehr. Am liebsten bin ich mit meinem Schäferhund zusammen. Eigentlich wollte ich ja lieber ein Reitpferd haben, aber da haben mich meine Eltern wegen der hohen Kosten ausgelacht. Unsere Eigentumswohnung ist ja auch noch nicht ganz abgezahlt.

Sohn Martin

Hallo, ich heiße Martin, bin der Sohn des Hauses, mit 18 Jahren endlich volljährig. Ich habe einen Ausbildungsplatz als Industriekaufmann in der Firma ADA-Sportartikel, in der auch mein Vater arbeitet. Bis ich meine Berufsausbildung abgeschlossen habe, will ich noch zu Hause bei meinen Eltern wohnen. Danach suche ich mir eine kleine Wohnung und ziehe mit meiner Freundin Corinna zusammen.

Die Mutter

Grüß Gott, ich bin die Christine, meist Chris genannt, 39 Jahre alt. Seit fünf Jahren bin ich in Teilzeit als Verkäuferin beschäftigt. Ich arbeite morgens, wenn Beate in der Schule ist. Meine in der Nähe wohnende Mutter hilft zu Hause mit aus, wenn es mir durch Familie und Beruf arbeitsmäßig mal wieder ein bisschen zu viel wird.

Der Vater

Hallo, ich heiße Hans Klug, bin 44 Jahre alt und seit 19 Jahren mit meiner Frau Christine verheiratet. Ich habe eine 13-jährige Tochter, Beate, und einen 18-jährigen Sohn, Martin. Seit zehn Jahren arbeite ich in der Firma ADA-Sportartikel als Facharbeiter. Wir bewohnen in Nürnberg eine Eigentumswohnung.

Onkel Uwe

Mein Name ist Onkel Uwe, ich bin der Bruder von Hans Klug und habe vor kurzem mein eigenes Dienstleistungsunternehmen gegründet, die Firma CompuSoft. Ich verkaufe Software und installiere diese auf den Computern meiner Kunden. Zum Glück waren mir Martin und der Wirtschaftsdoc bei der Gründung behilflich.

Die Oma

Grüß Gott, ich bin die Oma Kerstin. Nach dem Tod meines Mannes bin ich in die Nähe meiner Kinder gezogen. Vom Erlös des alten Hauses und mit eigenen Ersparnissen konnte ich mir eine moderne kleine Eigentumswohnung kaufen.

Ich habe lange Zeit halbtags als Kassiererin im Supermarkt gearbeitet und bin jetzt mit 66 Jahren in Rente.

Der Wirtschaftsdoc Bernd

Der Bruder von Vater Hans, der 55-jährige Wirtschaftsprofessor Dr. Bernd Klug, steht der Familie mit Rat und Tat zur Seite und bringt die Sache stets auf den Punkt. Die Tipps des gescheiten Mannes sind für dich als Lern- und Orientierungshilfen zu verstehen. Allgemein wird der Professor als „Wirtschaftsdoc" bezeichnet.

Aufgaben für Kleingruppenarbeit

1. Was hat das Fallbeispiel „Die Familie Klug stellt sich vor" mit wirtschaftlichem Handeln im Privatbereich zu tun? Wer wirtschaftet wo, wie, wann?
2. Sucht nach einer Erklärung für den Begriff „wirtschaftliches Handeln".
3. Vergleicht die Lebensgeschichte (Biografie) der beteiligten Personen mit euren eigenen Lebensverhältnissen.
4. Über welche Einnahmen und Ausgaben wird im Fallbeispiel gesprochen?
5. Beate wollte ursprünglich ein Reitpferd haben, was der Vater wegen der hohen Kosten abgelehnt hat. Woran wird er dabei im Einzelnen gedacht haben?

Der Wirtschaftsdoc

Wirtschaft und wirtschaftliches Handeln

- **Wirtschaft (Ökonomie)** umschreibt denjenigen Teil des menschlichen Handelns, bei dem es um die Befriedigung bestehender Bedürfnisse geht.
  Beispiele: Ich will ein Haustier, einen PC, eine Konzertkarte, eine bestimmte CD, eine Pizza, eine neue Hose haben.

- Ein **Bedürfnis** entsteht aus einem empfundenen Mangel, dem Bewusstsein, dass mir etwas fehlt.
  Beispiele: Mir fehlt eine neue, modische Hose; diese CD besitze ich noch nicht. Ich habe Hunger und deshalb Appetit auf eine Pizza.

- Wenn Bedürfnisse erkannt oder durch Werbung geweckt werden, geht es darum, diesen Mangelzustand zu beheben. Es gilt, diese Bedürfnisse zu befriedigen. Damit findet **wirtschaftliches Handeln** statt.
  Beispiele: Die Familie Klug will am Wochenende einen Kuchen essen. Die Familie könnte den Kuchen selbst backen. Aber auch Bäckereien, Konditoreien und Cafés bieten Kuchen an.
  Es ist wirtschaftlich, für die gesamte Familie ein großes Pizzablech zu belegen und zu backen. Es ist unwirtschaftlich, wenn sich jedes Familienmitglied seine eigene Pizza zubereitet.
  Wirtschaftliches Handeln heißt somit: **Entscheidungen über knappe Mittel treffen**.
  Beispiel: Ich muss mich zwischen dem Kauf eines Computers und einem Urlaub entscheiden, da ich für beides nicht genügend Geld zur Verfügung habe.

Aufgaben für Einzel- oder Partnerarbeit

1. Nenne einige Beispiele für wirtschaftliches Handeln im privaten Haushalt.
2. Führe einige Beispiele für ein unwirtschaftliches Handeln im Familienhaushalt an.

1.2 Vom Umgang mit Geld

Über Geld sind unzählige Sprüche im Umlauf. Die meisten dieser Aussagen haben ziemlich wenig mit dem Geld selbst zu tun. Vielmehr verbergen sich dahinter Lebensgefühle, Lebensziele und Wertvorstellungen. Wird Geld verteufelt, geschieht dies häufig auch aus Neid und Missgunst. Es ist leicht, etwas als „unmoralisch" zu verdammen, wenn es einem selbst zwischen den Fingern zerrinnt oder es an allen Ecken und Enden fehlt. Es hängt vom Menschen selbst ab, ob er mit Geld Gutes tut oder Schaden anrichtet. Geld hält beides aus.

Aufgaben für Einzelarbeit

Lies die Aussagen über Geld. Vergib für jeden Spruch bei Zustimmung ein „Ja" und bei Ablehnung ein „Nein". Begründe deine Entscheidung bei acht Aussagen deiner Wahl.

1. Geld allein macht nicht glücklich, aber es beruhigt.
2. Geld stinkt und verdirbt den Charakter.
3. Geld macht unabhängig und frei.
4. Viele Leute geben Geld aus, das sie nicht haben, für Sachen, die sie nicht brauchen, um Leuten zu imponieren, die sie oft gar nicht mögen.
5. Wer den Pfennig nicht ehrt, ist des Talers nicht wert.
6. Das letzte Hemd hat keine Taschen.
7. Geld ist nicht alles, aber ohne Geld ist alles nichts.
8. Geld schafft die Plattform, um viel Gutes zu tun, um zu teilen und zu spenden.
9. Geld frisst die Sorgen auf, schafft Sicherheit und Verlässlichkeit.
10. Wem das Geld zwischen den Fingern zerrinnt, kann nicht wirtschaften.
11. Wo Geld ist, gedeihen Neid und Missgunst.
12. Wer reich ist, um den versammeln sich falsche Freunde.
13. Geld macht auf die Dauer satt, faul, träge, anspruchsvoll und unzufrieden.
14. Wer zu viel Geld hat, kann sich über kleine Dinge nicht mehr freuen.
15. Geld ist zum Ausgeben da: Ich lebe jetzt, hier und heute und will genießen.
16. Reichtum und Geiz sind untrennbar verbunden wie eineiige Zwillinge.
17. Ein großer Überfluss an Geld ist unmoralisch und zeugt von Gier.
18. Reichtum führt zu menschlicher Verarmung, zu Gefühlskälte und Härte.

1.3 Einkommensart und Einkommenshöhe

Fallbeispiel

Familie Klug verfügt monatlich über folgende regelmäßige Einkünfte: Der Vater verdient als Facharbeiter 1.900,00 EUR netto, die halbtags berufstätige Mutter 500,00 EUR netto. Der Sohn Martin bekommt als Auszubildender im 1. Lehrjahr 600,00 EUR netto. Das Kindergeld für Beate beträgt 154,00 EUR. Frau Klug hat von ihren Eltern einen alten Bauernhof geerbt, den sie für 310,00 EUR monatlich verpachtet hat.
Hinzu kommen noch Zinserträge, alles in allem rund 2.400,00 EUR pro Jahr.

Der Wirtschaftsdoc

Das Haushaltseinkommen

- Das Einkommen einer Familie setzt sich aus mehreren Einzelposten zusammen.
  Den größten Teil bildet normalerweise der **Arbeitsverdienst**.
  Das **Haushaltsbruttoeinkommen je Privathaushalt** betrug 2007 im Durchschnitt 2.270,00 EUR.
- Nach Abzug von Steuern und Sozialabgaben belief sich 2007 das **Nettoeinkommen** auf durchschnittlich 1.480,00 EUR pro Familienhaushalt.
- **Das Bruttoeinkommen ist immer höher als das Nettoeinkommen**, da hier noch nicht die Steuern und Sozialabgaben abgezogen sind. Je nach Arbeitsverdienst, Familienstand und Kinderzahl sind die steuerlichen Belastungen unterschiedlich hoch.

Aufgaben für Einzelarbeit

1. Schätze zunächst ab und berechne danach, wie hoch das monatliche Einkommen der Familie Klug ist.
2. Berechne das monatliche Nettoeinkommen deiner Familie. Sprich mit deinen Eltern die einzelnen Posten durch. Aus Gründen des Datenschutzes musst du deine Notizen *nicht* im Unterricht vorlegen.

Überblick über häufige Einkommensarten

Monatlicher Arbeitsverdienst	Einkommen als Arbeitgeber oder Arbeitnehmer: Lohn (Arbeiter) oder Gehalt (Angestellter und Beamter), Gewinn (Arbeitgeber)
	Arbeitslosengeld
	Rente (Altersversorgung von Arbeitern und Angestellten) bzw. Pension (Beamter)
Kindergeld	abhängig von der Kinderzahl: für das erste bis dritte Kind jeweils 154,00 EUR monatlich, ab dem vierten Kind 179,00 EUR.
Ersparnisse	jährliche Zinsen von Spareinlagen und Gewinnausschüttungen von Aktien und Aktienfonds
Miet- und Pachteinnahmen	Vermietung von Haus, Wohnung oder Zimmer (Untermiete)
	Verpachtung z. B. eines Ackers oder Bauernhofes
Sonstiges	Erbschaft
	Sonderzuwendungen des Arbeitgebers (Urlaubs- und Weihnachtsgeld)
	Hilfen des Staates (Wohngeld, BAFöG, Sozialhilfe)
	Zuwendungen von Verwandten
	Nebenverdienste, z. B. Ferienjobs
	Gewinne (z. B. Lotto, Toto)

Fehlertext

Beim Formulieren der folgenden Zeilen sind dem Verfasser etliche Fehler unterlaufen, sodass dem Wirtschaftsdoc sämtliche Haare zu Berge stehen.

Stelle den Text richtig und schreibe ihn komplett neu:

Wirtschaftliches Handeln bezieht sich nicht auf die Familie, sondern nur auf die Berufs- und Arbeitswelt. Es geht um die Befriedigung von Bedürfnissen. Bedürfnisse zeigen einen Überfluss an, der bekämpft werden soll. Das Bruttoeinkommen einer Familie umfasst alle Einkünfte nach Abzug von Steuern und Sozialabgaben. Angestellte bekommen Lohn, Arbeiter und Beamte ein Gehalt. Eine bundesdeutsche Familie verfügt im Durchschnitt über ein Nettoeinkommen von ca. 2.000,00 EUR.

Rätsel für Einzel- oder Partnerarbeit

Die Einkommensarten tragen bestimmte Namen

So bekommt der Schauspieler eine Gage und der Not leidende Bundesbürger zur Sicherung seines Lebensunterhalts Sozialhilfe. Wer seinen Job verliert, bezieht Arbeitslosengeld. Das Einkommen des Soldaten heißt Sold, dasjenige des Seemanns Heuer. Der Sportler erhält eine Siegprämie. Und wer Aktien besitzt, bekommt als Gewinnausschüttung eine Dividende. Für

Spareinlagen gibt es Zinsen. Der Acker wird verpachtet, die Wohnung vermietet. Die Altersversorgung beim Arbeiter und Angestellten heißt Rente, die vom Beamten Pension. Ein Buchautor oder Rechtsanwalt erhält ein Honorar, ein Handlungsreisender eine Provision. Ein Nachkomme freut sich über eine Erbschaft, der Lottokönig über den Gewinn. Ein geschiedener Vater zahlt für seine Nachkommen Unterhalt.

Deine Aufgabe ist es, die passenden Einkommensbenennungen zu finden und richtig zuzuordnen. Am besten schreibst du immer das ganze Wort der gefragten Einkommensart in dein Heft untereinander. Das Lösungswort besteht aus den ersten Buchstaben und bringt einen Begriff aus dieser Lektion. Orientiere dich an der Buchvorlage.

1. Vergütung für einen Handlungsreisenden/Vertreter (9 Buchstaben)
2. Ruhestandsvergütung für Arbeiter, Angestellte (5 Buchstaben)
3. Beruf mit großen Chancen (12 Buchstaben)
4. Vorzeitiges Ausscheiden aus dem Berufsleben (12 Buchstaben)
5. Wer seinen Job verliert, bekommt zunächst (16 Buchstaben)
6. Gewinnanteile für leitende Angestellte von Unternehmen (8 Buchstaben)
7. Einkommen von Rechtsanwälten und Autoren (7 Buchstaben)
8. Gehaltsempfänger sind Beamte und (11 Buchstaben)
9. Geschiedene Väter müssen für ihre Kinder ? ? ? zahlen. (8 Buchstaben)
10. Staatliche Hilfe zur Sicherung des Lebensunterhalts (11 Buchstaben)
11. Sprichwort: „? ? ? hat goldenen Boden." (8 Buchstaben)
12. Viele Menschen sparen beizeiten für ihre (16 Buchstaben)
13. Das Arbeitseinkommen von Arbeitern (4 Buchstaben)
14. Vor allem bei Frauen sehr beliebte Arbeitsform (14 Buchstaben)

1.4 Verwendung des Haushaltseinkommens

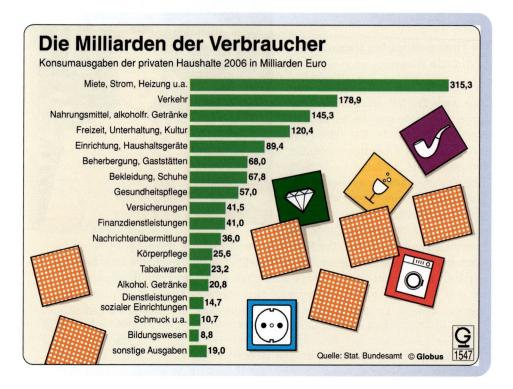

Die Grafik zeigt die durchschnittliche Haushaltsrechnung der Bundesbürger für 2006. Der größte Teil des Geldes ist fest verplant, z. B. für Miete und Strom, für Heizung und Wasser. Das Wohnen verschlingt den mit Abstand größten Teil des Haushaltseinkommens, nämlich im Durchschnitt 315,30 EUR. Danach folgen die Ausgaben für den Verkehr, also für das Auto und die öffentlichen Verkehrsmittel. Bereits an dritter Stelle stehen die Ausgaben für Essen und Trinken. Das Vergnügen kommt ebenfalls nicht zu kurz. An vierter Position stehen Freizeit, Unterhaltung und Kultur. Hättest du gedacht, dass die bei den meisten Jugendlichen so beliebten Klamotten, modische Bekleidung und Schuhe, in dieser Rangliste erst auf Platz 7 zu sehen sind?

Aufgaben für Einzelarbeit

1. Nenne die drei größten Ausgabearten beim privaten Verbrauch.
2. Wie hoch ist das derzeitige durchschnittliche Netto-Haushaltseinkommen einer Familie? Was bedeutet Brutto- und Netto-Verdienst?
3. Vergleiche die Ausgaben einer bundesdeutschen Durchschnittsfamilie mit denen deiner Familie. Worauf führst du Abweichungen zurück?

Fallbeispiel

Beate passt einen günstigen Augenblick ab, um ihre Mutter davon zu überzeugen, dass sie unbedingt eine „topaktuelle" Hose braucht. Die Mutter reagiert etwas ungehalten: „Beate, schau einmal in deinen Kleiderschrank. Der ist nicht so leer wie meiner!"
Die Tochter: „Die anderen haben viel mehr und vor allem moderne Klamotten. Ich bin die einzige in meiner Clique, die noch keine dieser modischen Hosen trägt. Die anderen schauen auf mich herab und tuscheln, wenn ich nur altmodische Sachen trage. – Mutti, bitte sei mal spendabel. Ich verspreche dir dann auch …"

Aufgaben für Einzel-, Partner- oder Kleingruppenarbeit

1. Beurteilt dieses Gespräch. Habt ihr schon auf ähnliche Weise versucht, eure Wünsche bei den Eltern durchzusetzen? Was ist zu erwarten, wenn die Mutter a) nachgibt, b) die Hose nicht spendiert?
2. Angenommen, Beate bekommt die Hose nicht. Wird das Mädchen nur deswegen von ihrer Clique abgelehnt? Bemüht euch um eine ehrliche Antwort. Es geht um das Problem „Gruppen- und Konsumzwänge".
3. Was könnte Beate tun, um sich ihre wichtigsten Wünsche künftig selbst erfüllen zu können?
4. Welche Konsumwünsche sind eurer Meinung nach die wichtigsten? Begründet eure Entscheidung.
5. Beates Freundin Birgit wünscht sich zum Geburtstag sehnlichst einen Computer mit Internetzugang. Sie reitet bereits, würde aber auch noch gern Tennis spielen. Die Eltern sagen: „Das können wir uns nicht leisten und du verzettelst dich sonst. Du musst dich zwischen diesen drei Dingen entscheiden. Gegen einen modernen PC mit Internet haben wir nichts, aber dann musst du das Reiten sein lassen!"
a) Wie würdet ihr euch entscheiden? b) Birgit reitet das Pferd eines Landwirts. Gäbe es für Birgit eine Möglichkeit, künftig zu reiten, ohne dem Bauern etwas zu bezahlen?

Unterschiede in der Einkommensverwendung
Der Wirtschaftsdoc

Wirtschaft und wirtschaftliches Handeln

Jeder Haushalt hat unterschiedlich hohe Einnahmen und Ausgaben. Dabei verwendet jede Familie ihr Einkommen auf andere Weise. Die Abweichungen entstehen vor allem durch:

- **die Höhe des Einkommens** (Arbeitsverdienst abhängig von Beruf, Qualifikation, Position, vielleicht auch von der Dauer der Betriebszugehörigkeit und dem Alter)
- **die Höhe des verfügbaren Vermögens** (Erbschaft, Zinserträge usw.)
- **die Anzahl der Personen und Größe des Hausstands** (Wie viele Kinder sind zu versorgen? Welche Wohnungs- oder Hausgröße besteht? Leben die Großeltern bei ihren Kindern?)
- **den Bildungsstand** (Welche Ansprüche? Welche Ausbildungskosten der Kinder?)
- **persönliche Wünsche und Bedürfnisse** (Welche Hobbys und Interessen? Welcher Lebensstandard? Streben nach Luxus? Statussymbole?)
- **Umweltbewusstsein** (Umweltschutz ist nicht immer teurer, z. B. Kauf von Eiern und Milch beim Landwirt, Radfahren oder Laufen statt Autofahren.)

1.5 Vom Konsumieren und Sparen

Fallbeispiel

Frau Klugs Mutter, Beates und Martins Oma Kerstin, kommt ganz glücklich vom Winterschlussverkauf heim, voll bepackt mit Tragtaschen.
„Schaut mal, bei diesem Kostüm habe ich sage und schreibe 100,00 EUR gespart. Es hat nur noch 150,00 EUR statt 250,00 EUR gekostet. Und ratet mal, wie viel ich bei diesem Pulli gespart habe! Genau 50 %! Ich musste nur noch 60,00 EUR hinblättern."
Die 13-jährige Beate erwidert pfiffig: „Omi, eigentlich hast du doch gar nicht gespart, sondern nur viel weniger für die Sachen ausgegeben als sonst." Die Omi, leicht beleidigt und spürbar verärgert: „Beate, red doch nicht solchen Blödsinn. Ich habe insgesamt 160,00 EUR gespart. Und damit basta!"

Aufgabe für Einzel- oder Partnerarbeit

Wer hat recht? Die Oma oder Beate? Wo handelt es sich in diesem Fallbeispiel um einen echten Sparvorgang? Begründe deine Meinung.

Fallbeispiel

Es wird viel vom Geldausgeben und Sparen geredet, einerseits vom Konsumieren, andererseits vom Notgroschen, der zurückgelegt wird für schlechte Zeiten, Krisen und Schicksalsschläge. Manche junge Leute denken so: „Jetzt, hier und heute lebe ich. Ich will genießen, Spaß haben, Geld ausgeben. Sparen ist was für später, etwas für vorsichtige Typen und ältere Leute."
Andere Zeitgenossen behaupten: „Wer früh etwas spart, hat später viel! – Wer weniger ausgibt als er verdient, verschuldet sich nie. Wer in jungen Jahren spart, dem geht es im Alter finanziell gut und ist nicht auf staatliche Hilfe angewiesen."
So stellen sich die Fragen: Was ist überhaupt Sparen? Gar kein oder weniger Geld ausgeben? Konsumverzicht ausüben? Geld scheffeln? Ein karges Leben führen? In Geiz erstarren? Oder nur kaufen, was wirklich notwendig ist? Den Lebensstandard rigoros herunterfahren? Und dann soll Sparen auch noch Spaß machen?

Aufgaben für Einzelarbeit

1. Wozu soll Sparen gut sein?
2. Kannst du überhaupt sparen?
3. Welche persönlichen Erfahrungen hast du beim Sparen gemacht?

Was heißt Sparen?

- **Sparen bedeutet Konsumverzicht in der Gegenwart** für mehr Konsum bzw. Sicherheit in der Zukunft.
- **Sparen heißt, weniger auszugeben, als man einnimmt.**
- Preisgünstig einkaufen bedeutet weniger auszugeben. Eigentlich wird hier nicht gespart, sondern es wird ein geringerer Betrag aufgewendet als eingeplant wurde.

Warum und wofür überhaupt Geld sparen?

- „Spare in der Zeit, so hast du in der Not", lautet ein altes Sprichwort. Sparen ist der Schlüssel zur Vermögensbildung, die Voraussetzung für vernünftiges Wirtschaften.
- Sparen fällt leichter, wenn damit bestimmte Lebensziele verbunden sind. Junge Leute wollen von zu Hause ausziehen, eine eigene Wohnung mieten, vielleicht eine Familie gründen, sich ein Auto kaufen, sich eine größere Urlaubsreise leisten, evtl. auch schon den Grundstock für die Vermögensbildung legen und für ihr Alter vorsorgen.

Wovon und wie Geld sparen?

- Die erste Einnahmequelle ist das Taschengeld. Wie wäre es, ab jetzt ein Zehntel davon zu sparen? Vielleicht gibt es auch Verwandte, die das Sparschwein füttern. Oder es erfolgt ein finanzielles Dankeschön für eine Hilfeleistung.
- Über Sparschwein und Sparbuch sollte der Weg möglichst schnell zum Ansparplan für Wertpapiere führen. Vorerst soll genügen: Besser heute als morgen mit dem Sparen beginnen.

1.6 Haushalten in der Familie: fixe und variable Ausgaben

Fallbeispiel

Familie Klug weiß, dass ihr Einkommen begrenzt ist und sie sich nicht alle materiellen Wünsche erfüllen kann. Einige Ausgaben liegen fest. Hier kann zum Teil nicht oder nur sehr schwer gespart werden. Das gilt z. B. für die Miete, die Sozialabgaben, Kanalisation, Fernseh- und Müllgebühren, die Benutzung öffentlicher Verkehrsmittel zur Schule oder Arbeitsstelle, den Bezug der Tageszeitung, den Vereinsbeitritt für Beate und einige Versicherungen.

Andere fixe Kosten lassen sich zumindest reduzieren, so z. B. überflüssige oder zu teure Versicherungen.

Dazu kommen die variablen Ausgaben, z. B. Ernährung, Kleidung, Körperpflege, Hausrat, Schul- und Berufsbedarf, Benzin und Kundendienst für das Auto, die jährliche Urlaubsreise, Geschenke und Mitbringsel, Ausgehen, Feste feiern, Sonstiges.

Muss man so viel, so lange und noch dazu in den ungünstigsten Zeiten an der Quasselstrippe hängen? Braucht tatsächlich jedes Familienmitglied ein Handy? Werden alle Bücher, Zeitschriften und Zeitungen, die abonniert bzw. gelegentlich gekauft werden, auch wirklich gelesen? Muss grenzen- und ziellos im Internet gesurft werden? Rechnet sich der Vereinsbeitrag im Fitnessstudio oder Sportklub? Kann beim Heizen, Kochen, Waschen Energie auch im Interesse der Umwelt gespart werden?

Gebe ich das Geld wirklich für das aus, wofür ich es verwenden will?

Aufgaben für Einzelarbeit

1. Mache eine Zusammenstellung über die fixen (von vornherein festliegenden) Ausgaben in deiner Familie.
2. Welche variablen Ausgaben entstehen in deiner Familie?
3. a) Überlege, wo deine Familie sparen kann. b) Wo erscheint dir selbst das Sparen sinnvoll? c) Wo leidet darunter vielleicht die „Lebensqualität"?
d) Wo würdest du Sparen als großes Opfer empfinden und lieber davon absehen? e) Wann kann Sparen Spaß machen?

Ohne Haushalten geht es nicht

- Jede Familie sollte vernünftig haushalten und wirtschaften.
- **Fixe Kosten sind feste Ausgaben**, die regelmäßig vorkommen. **Variable Ausgaben** sind in der Höhe **unterschiedlich**.
- Viele Ausgaben liegen von vornherein fest und lassen sich kaum verringern. Zum Teil kann aber auch bei den fixen Kosten gespart werden.
- **Vernünftig ist es, weniger auszugeben als eingenommen wird** und einen Teil (möglichst 10 %) des Nettoeinkommens auf die Seite zu legen.
- **Wer mehr ausgibt, als er einnimmt, verschuldet sich auf Dauer.** Wer einmal in diese Schuldenfalle tappt, kommt aus dem Schlamassel kaum mehr heraus und oft nie mehr „auf den grünen Zweig". Schuldsumme und Zinsen können ein Leben lang belasten und die Existenz einer Familie vernichten.

Die zwei großen Probleme im Umgang mit dem Geld

Problem 1: Überschuldung

Für manche Zeitgenossen trifft die schlichte Volksweisheit zu: „Geld gewonnen – schon zerronnen." Ständig leben sie über ihre Verhältnisse. Das Schuldenmachen gehört zum Alltag. Manche Leute beunruhigt das anfänglich nicht weiter. Andere Mitbürger leiden darunter, dass sie ihr Geld nicht festhalten und den Teufelskreis immer neuer Kredite und Schulden nicht durchbrechen können. Dabei fehlt es meist nicht an gutem Willen. Immerhin haben 3,5 Millionen Deutsche massive Geldprobleme. Die 640 Beratungsstellen können den Ansturm Rat suchender Schuldner kaum bewältigen.

Die Weichen für Verschuldung werden oft schon in jungen Jahren gestellt

Da pumpen Jugendliche ständig ihre Altersgefährten an. Und manche Eltern räumen ihren nicht volljährigen Kindern sogar ein, das Konto um einige hundert Euro zu überziehen. Umgekehrt erleben die Kinder mit, dass Mutter und Vater nicht warten können und auch einige nicht dringend benötigte Geräte, Möbel und Autos auf Kredit kaufen. Eventuell wird sogar die Urlaubsreise mit einem Kredit finanziert.

Erkennst du dich selbst wieder? Dann ist es Zeit, etwas zu ändern!

Problem 2: Auf dem Geldsack sitzen wie Dagobert Duck

Wer den hauptsächlichen Sinn seines Lebens darin sieht, Geld zu scheffeln, auf dem vielen ererbten oder erarbeiteten Vermögen zu sitzen, ohne es je zielgerichtet und lustvoll auszugeben, der wird auch nicht glücklich. Geiz führt zur Verarmung der Persönlichkeit und verärgert Angehörige und Freunde. So bleibt der Geizhals letztlich allein und ist auch nicht besser dran als der Mittellose, der nichts hat und sich nichts leisten kann. Wer auf seinem Geldsack sitzt, tut anderen und sich selbst nichts Gutes.

Ratlosigkeit in Gelddingen verträgt sich nicht mit vernünftigem Haushalten und Wirtschaften

Geld stinkt nicht und ist zu wichtig, um aus dem Familienleben verdrängt zu werden. Eltern und Kinder sollten auch über Geld, Vermögensanlagen und geplante Ausgaben wie Möbel oder ein neues Auto gemeinsam beratschlagen.

1.7 Der Haushaltsplan

1.7.1 Einführung

Fallbeispiel

Familie Klug führt seit zwei Jahren ein Haushaltsbuch. Martin schlug das in einer „Familienkonferenz" vor, als starke Nervosität wegen anstehender größerer Zahlungen herrschte. Die Eltern hatten sich verkalkuliert und für Neuanschaffungen mehr Geld ausgegeben als vernünftig gewesen wäre. Der damals 16-jährige Martin konnte die Familie davon überzeugen, dass es gut sei, künftig alle Einnahmen und Ausgaben übersichtlich und ehrlich zu führen. Martin erklärte: „Wir haben uns in der Berufsschule gründlich mit dem Haushaltsplan beschäftigt. Außerdem habe ich darüber mit dem Wirtschaftsdoc lange diskutiert und mich von ihm beraten lassen."

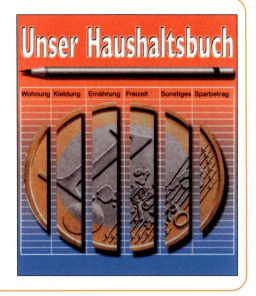

Aufgaben für Einzel-, Partner- oder Gruppenarbeit

1. Warum ist es günstig, einen Haushaltsplan zu führen?
2. Auf der Abbildung werden auch einige Bedenken aufgeführt. Äußert euch zu den positiven und negativen Überlegungen.
3. Diskutiert mit euren Eltern über das Problem und informiert sie über die Unterrichtsergebnisse. Zeigt ihnen eure Entwürfe für einen monatlichen Haushaltsplan.
4. Wie könnte ein solcher Plan für euer Taschengeld aussehen? Entwerft selbst ein entsprechendes Formblatt, möglichst am PC!

1.7.2 Die Finanzplanung im privaten Haushalt
Rollenspiel

Sohn Martin: „Ich brauche unbedingt einen neuen PC, ein neues Paar Ski und endlich ein Auto."

Tochter Beate: „Ich brauche neue Klamotten, einen CD-Player und einen Fernseher."

Vater Hans: „Das geht alles nicht. Es gibt viel wichtigere Dinge, die unsere Familie braucht. Vor allem ist dies ein Hochdruckreiniger für das Auto und ein neues Sofa fürs Wohnzimmer."

Mutter Chris: „Von wegen Hochdruckreiniger! Zuerst brauchen wir mal mehr Geld auf dem Konto. Im Übrigen ist das einzige, was wir alle wirklich dringend brauchen, ein Urlaub im Ausland in einem schicken Hotel."

Hund Globo: „Ich denke zuerst einmal an eine schöne große Portion Knochen. Das brauche ich wirklich. Was ihr dagegen angeblich so alles braucht, ist zum Teil Schnickschnack. Oft wollt ihr doch auch nur vor den Nachbarn und anderen Leuten angeben. – Wie gesagt, eine deftige Portion Knochen, das muss übrig sein!"

Aufgabe für ein Rollenspiel

Entwerft ein ähnliches Rollenspiel aus eurem Erfahrungsbereich.

Der Wirtschaftsdoc

Was wünsche ich? Was brauche ich?

- Viele Menschen machen den Fehler, dass sie sich keine genauen Ziele setzen und sich daher auch wichtige Wünsche nicht erfüllen können.
- Oder sie haben zu viele Wünsche und stellen zu hohe Ansprüche. So fällt es schwer, überhaupt ein Vorhaben zu verwirklichen.
- Bevor sich jemand vornimmt, künftig mit seinem Geld vernünftig umzugehen, sollte er sich klare Ziele setzen.
- Das Ziel darf nicht zu hoch gesteckt, sondern muss erreichbar sein.
- Da die Erfüllung von Wünschen an Geld gebunden ist, muss Klarheit darüber herrschen, wie viel Geld benötigt wird, wie viel Geld verfügbar ist, wie viel Geld ab sofort gespart werden kann.

Aufgaben für Einzelarbeit

1. Notiere auf einen Zettel zehn Wünsche, die du dir längerfristig mithilfe von Geld erfüllen willst. Lies erst nach erfolgter Auflistung weiter.
2. Wähle aus den zehn Wünschen zwei bis drei aus, die dir besonders wichtig erscheinen. Schreibe sie auf ein Blatt Papier und hebe es gut auf. In den nächsten Kapiteln erfährst du, wie du es schaffen kannst, deine Ziele tatsächlich zu verwirklichen.
3. Vergleiche deine eigenen Wünsche mit den beliebtesten Sparzielen in der nebenstehenden Grafik.
4. Sprich auch zu Hause mit deinen Eltern über eure Sparziele.
   a) Welche Wünsche decken sich mit der Grafik?
   b) Wo bestehen Abweichungen?
   c) Worauf sind diese Unterschiede wohl zurückzuführen?

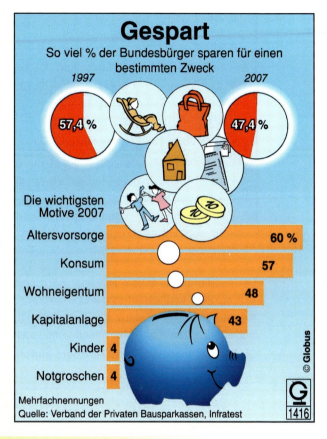

1.7.3 Geld im Griff mithilfe des Haushaltsplans

Nicht nur du selbst, sondern auch die Familie Klug hat viele Wünsche, die sie sich erfüllen will. Nicht zuletzt deshalb sind Mutter und Vater berufstätig.

Der Vater arbeitet hauptberuflich, die Mutter hat eine Teilzeittätigkeit angenommen. Auch Martin verfügt als Auszubildender im 1. Lehrjahr bereits über ein Einkommen, um sich gewisse Wünsche erfüllen zu können. Diesen Einkünften stehen etliche Ausgaben gegenüber. Die Ausgaben lassen sich nur decken, wenn genug verdient wird. Der Haushaltsplan gibt einen Überblick über die Einnahmen und Ausgaben. Damit ist auch recht gut überprüfbar, ob es gelingt, sich zumindest die wichtigsten Wünsche erfüllen zu können.

Martin hat sich beim Wirtschaftsdoc über die Vorteile und die Einzelheiten bei der Führung eines Haushaltsbuchs informiert. Was der Wirtschaftsdoc erklärt, dürfte für dich nützlich sein.

Der Wirtschaftsdoc

Es lohnt sich, einen Haushaltsplan zu führen:

- Wir wissen, wofür wir das Geld ausgeben, und kaufen nicht unüberlegt Sachen ein, die wir nicht brauchen.
- Wir werden kaum von unangenehmen Zahlungen überrascht und geraten nicht in Stress und Hektik.
- Wir sind uns über unsere finanzielle Lage im Klaren und wissen, was wir uns leisten können.
- Wir können für größere Anschaffungen vorsorgen.
- Durch Disziplin lässt sich Kapital für später bilden (z. B. Altersvorsorge).
- Bei ähnlichen Ausgaben in der Zukunft ist ein Preisvergleich möglich.
- Unser Haushaltsplan kann aufzeigen, dass es kostspielig und riskant ist, Ratengeschäfte abzuschließen und auf Kredit zu kaufen.
- Ein offen geführtes Haushaltsbuch stärkt den Zusammenhalt in der Familie. Es motiviert dazu, gemeinsam zu beratschlagen und zu entscheiden.

Der Auszubildende Martin will jetzt noch gern wissen, wie so ein Haushaltsplan gewöhnlich aussieht und worauf es dabei ankommt.

Der Wirtschaftsdoc verweist auf die täglichen bzw. wöchentlichen Aufzeichnungen seiner Frau Heike. Außerdem gibt er Martin aufgrund eigener Erfahrung noch ein paar praktische Tipps.

Diese Anregungen des Wirtschaftsdocs dürften auch für dich interessant sein.

Tag	Einnahmen Bezeichnung	Betrag EUR	Ct	Kassenbestand EUR	Ct	Ausgaben Summen EUR	Ct	Wohnungsausgaben Bezeichnung	Betrag	Ernährung Bezeichnung	Betrag
	Übertrag: Bargeld			117	95						
1.	Lohn	3195	00	3312	95	988	25	Miete	850,00	Bäcker	6,80
2.				2324	70	188	70	Strom	64,00	Metzger	34,70
3.				2136	00	198	70	Gas	75,80	Supermarkt	95,80
4.				1937	30	80	35	Putzmittel	7,00	Obst, Gemüse	10,95
5.				1846	95	90	80	Wasser	45,00	Bäcker, Metzg.	40,65
	Summe	3312	95	1766	15	1546	80		1041,60		188,90

Der Wirtschaftsdoc

Worauf kommt es beim Haushaltsplan an?

- Eine übersichtliche Führung des Haushaltsplans ist wichtig.
- Sämtliche Einnahmen und Ausgaben sind ehrlich einzutragen. Wer sich selbst betrügt, bestraft sich selbst.
- Es ist ratsam, den Haushaltsplan täglich zu führen.
- Alle Rechnungen, Kassenzettel und Quittungen sind sorgfältig aufzubewahren. Es ist praktisch, sie zu lochen und im Schnellhefter abzulegen.
- Wöchentlich oder monatlich sollte immer genau abgerechnet werden.
- Zum Schluss gilt es zu hinterfragen: Waren meine Ausgaben berechtigt? Muss ich eine überflüssige Ausgabe bereuen?

1.7.4 Erst sparen – dann konsumieren

Familie Klug plant im nächsten Jahr eine Italien-Rundreise. Die Reise kostet für die Familie schätzungsweise 2.500,00 EUR. Dies ist keine Kleinigkeit. Es muss also genau überlegt werden, wie dieser Urlaub finanziert werden soll. Da es riskant und zudem sehr teuer ist, einen solchen Urlaub auf Raten zu bezahlen, beschließt die Familie, alle größeren Anschaffungen und sonstigen Ausgaben zuerst anzusparen. Eltern und Kinder setzen sich das Ziel, nur dann diese Urlaubsreise zu buchen, wenn es zuvor gelungen ist, den gesamten Betrag nebst „Notgroschen" für unliebsame Überraschungen anzusparen. Die Mutter formuliert das Ziel, schreibt es in großer Schrift auf ein Blatt und hängt dieses an ihre kleine Korkwand in der Küche:

Unsere Familie spart bis zum 1. März nächsten Jahres 3.000,00 EUR an. Jeder fühlt sich verantwortlich, spart und verzichtet auf Unnötiges! Sparen fängt bei den kleinen Dingen des Alltagsbedarfs an.

Aufgabe für Einzelarbeit

Begründe, was es mit dem Ausspruch auf sich hat: „Sparen fängt bei den kleinen Dingen des Alltagsbedarfs an."
Nenne einige Beispiele, wo du in diesem Bereich sparen kannst, ohne dass darunter deine Lebensfreude und dein Wohlbefinden leiden.

Ein Rechenbeispiel zeigt, dass die Familie Klug richtig handelt

Familie Müller finanziert ihre Italienreise durch Ratenzahlungen.

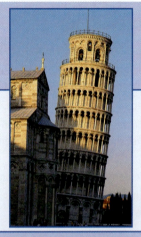

Familie Klug spart monatlich auf ihre geplante Reise im nächsten Jahr.

Der Reiseveranstalter verlangt eine monatliche Ratenzahlung von 115,00 EUR über einen Zeitraum von 24 Monaten.

24 Monate x 115,00 EUR = 2.760,00 EUR

Der gleiche Urlaub kostet die Familie Klug 2.400,00 EUR. Die Familie spart den Betrag monatlich an und beginnt damit zwei Jahre vor Reiseantritt.

$$\frac{2.400,00 \text{ EUR}}{24 \text{ Monate}} = 100,00 \text{ EUR}$$

Die Familie Klug gibt durch Sofort- bzw. Barzahlung insgesamt 360,00 EUR weniger aus als die Vergleichsfamilie Müller. Außerdem muss sie jeden Monat nur 100,00 EUR, also 15,00 EUR weniger ansparen.

Der Wirtschaftsdoc

Erst sparen – dann konsumieren

- Wer sich größere Wünsche erfüllen will, sollte zuerst sparen und danach das Geld ausgeben.
- So kann man sich langfristig wesentlich mehr leisten, als wenn man sich das Geld leiht.
- Es besteht auch nicht die Gefahr, Schulden zu machen und über seine Verhältnisse zu leben.

Aufgabe für Partner- oder Gruppenarbeit

Wie aus der folgenden Grafik hervorgeht, haben die Bundesbürger einen neuen Sparrekord erzielt. Im Durchschnitt sparen sie heutzutage mehr als ein Zehntel ihres Einkommens.

1. Forscht nach den Gründen für die zunehmende Sparbereitschaft der Bundesbürger.
2. a) Warum solltet ihr euch bemühen, möglichst mindestens 10 % von euren Einkünften zu sparen?
   b) Wie lässt sich das Ziel am leichtesten verwirklichen?
   c) Begründet eure Vorschläge.

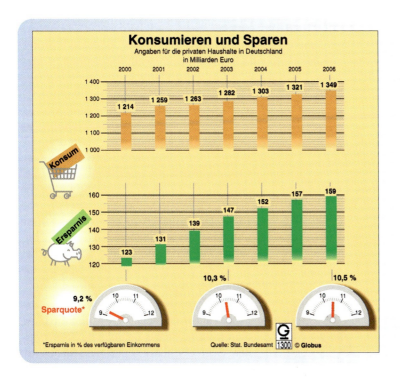

1.7.5 Sechs große Schritte des Haushaltsplans

Um den eigenen Haushaltsplan bestmöglich nutzen zu können, empfiehlt der Wirtschaftsdoc zur Orientierung das folgende Muster:

1. Schritt	Erstelle eine Übersicht über die voraussichtlichen **Einnahmen**, die in eurem Haushalt zu erwarten sind.
2. Schritt	Ermittle, welche **fixen Ausgaben** (Miete, Tilgung und Zinsen für Darlehen, Beiträge für Versicherungen, laufende Kosten für Heizung, Strom, Telefon, Wasser, Fernsehgebühren usw.) in eurem Haushalt anfallen.
3. Schritt	Schätze die **variablen Ausgaben** ab (Nahrung, Kleidung, Unterhaltung, Freizeit, Urlaub, Kosmetik usw.), die monatlich im Durchschnitt anfallen.
4. Schritt	Überlege, für welche größeren Anschaffungen bzw. Ausgaben durch gezieltes Sparen **Rücklagen** zu bilden sind.
5. Schritt	Erstelle einen Plan, der aufzeigt, wieviel Geld für die verschiedenen **Ausgabenarten** verfügbar ist.
6. Schritt	Führe genaue **Aufzeichnungen über die Ausgaben**. So kannst du jederzeit überprüfen, ob du deinen Plan auch wirklich einhältst.

Fehlertext – Vorsicht: Falle

Bei ihrem ersten Nachdenken über Sparen und Taschengeldplan unterlaufen Beate etliche Fehler. Damit sich der Wirtschaftsdoc nicht länger ärgert, berichtige den Text und schreibe komplett neu, wie Beate vorgehen sollte. Mache auch einen Vorschlag für sinnvolle Sprechblasen.

Beate ist sich anfangs ganz sicher, dass sie ihre Wünsche auch durch spontanes Sparen erreichen kann. Sie will sich die Arbeit sparen, einen Taschengeldplan zu führen. Sie meint, es reiche völlig aus, bei Lust und Laune die Ausgaben zu notieren und diese untereinander aufzulisten. Nach dem Grundsatz: „Was du heute kannst besorgen, das verschieb getrost auf morgen" verspürt sie keine Eile.

Beate vergisst deshalb auch öfter, ihre Ausgaben aufzuschreiben. Ebenso notiert sie nichts, wenn sie das Gefühl hat, für unnötigen Schnickschnack Geld ausgegeben zu haben. Was ihr peinlich ist, gehört ohnehin nicht in den Taschengeldplan. Geldgeschenke von der Oma und anderen Verwandten schreibt sie sowieso nicht auf.

Beate denkt: „Einen Haushaltsplan zu führen macht nur Arbeit. Warum sich also die Mühe machen?"

Besser so: Familie Klug führt ihr Haushaltsbuch

Es gibt verschiedene Möglichkeiten, ein Haushaltsbuch zu führen. Wichtig ist, dass die fixen und variablen Ausgaben sowie die einzelnen Posten voneinander getrennt werden. So lässt sich leicht überprüfen, wofür Geld ausgegeben wurde und wann Rechnungen zu bezahlen sind. Zunächst wird ermittelt, wie hoch das verfügbare Einkommen ist. Dies stellt die Familie Klug anhand ihrer Kontoauszüge fest. Das umseitige Schema gibt vereinfacht die wesentlichen Inhalte eines Kontoauszugs wieder.

Nicht zu vergessen ist, dass auch Einmalzahlungen und Sonderzahlungen zu den Einnahmen hinzuzurechnen sind. Dazu zählen das 13. Monatsgehalt, Urlaubsgeld, Bankzinsen, Staatsförderungen für Immobilienerwerb usw. So erhält die Familie Klug noch Weihnachtsgeld in Höhe von 1.300,00 EUR, Urlaubsgeld in Höhe von 420,00 EUR, 2.400,00 EUR an Zinsen im Jahr und eine Staatsförderung für die gekaufte Wohnung in Höhe von 1.280,00 EUR, einmal pro Jahr gezahlt. Die Einnahmen erhöhen sich also um 5.400,00 EUR pro Jahr. Umgerechnet auf den Monat sind dies 450,00 EUR. Dieser Geldbetrag wird aber nicht jeden Monat auf das Girokonto gutgeschrieben.

Die Höhe des Einkommens

FRANKENBANK NÜRNBERG BLZ 760 611 91	Girokonto **KONTOAUSZUG**	Kontonummer 515 795	Auszug/Jahr 99/2006 **EUROKONTO**	Blatt-Nr. 1 von 1
Buchungstag	**Vorgang**		Belastung	Gutschrift
	Alter Kontostand (Übertrag)			130,00
06-11-01	Lohn für den Monat November Hans Klug			1.900,00
06-11-01	Lohn für den Monat November Christine Klug			500,00
06-11-01	Kindergeld			154,00
06-11-01	Pacht, Bauernhof, Manfred Köhler			310,00
06-11-01	Nebenkosten Wohnung November		100,00	
06-11-02	Lastschrift Hans und Christine Klug Konto: 0 576 054 357 BLZ: 730 611 91 Zinsen: 410,00 EUR, Tilgung: 390,00 EUR		800,00	
06-11-02	Lastschrift Rundfunk/Fernsehen 4. Quartal		45,00	
06-11-03	Zeitungsabonnement BAYERNPOST		12,00	
06-11-03	Strom (Abschlagszahlung)		90,00	
	Neuer Kontostand in EUR			**1.947,00**

Familie Klugs Einkommen lässt sich wie folgt berechnen:

Reguläre monatliche Einnahmen		Zusätzliche Einkünfte	
Lohn des Vaters	1.900,00 EUR	Weihnachtsgeld	1.300,00 EUR
+ Gehalt der Mutter	500,00 EUR	+ Urlaubsgeld	420,00 EUR
+ Kindergeld	154,00 EUR	+ Zinsen	2.400,00 EUR
+ Pachteinnahmen	310,00 EUR	+ Bauzuschuss	1.280,00 EUR
Monatliche Einnahmen	**2.864,00 EUR**	**Gesamt**	**5.400,00 EUR**

Monatliche Einnahmen	2.864,00 EUR
+ durchschnittliche Zusatzeinnahmen (5.400,00 EUR/12 Monate)	450,00 EUR
durchschnittliches Monatseinkommen	**3.314,00 EUR**

Der Budgetplan – die Ausgabenplanung im Voraus

Für die Familie Klug ist es sinnvoll, ihre Ausgaben im Voraus zu planen. Dazu erstellt sie einen **Budgetplan**, der alle von ihr erwarteten Ausgaben erfasst. Es ist wichtig, dass nicht mehr Geld zum Ausgeben eingeplant wird, als tatsächlich zur Verfügung steht. Es empfiehlt sich, das **Prinzip der kaufmännischen Vorsicht** anzuwenden.

Der Budgetplan der Familie Klug

Regelmäßige, fixe Ausgaben	Belastung für die Wohnung	800,00 EUR
	Nebenkosten Wohnung	100,00 EUR
	Rundfunkgebühren pro Monat (Abbuchung viermal jährlich)	15,00 EUR
	Strom pro Monat (Abbuchung jeden 2. Monat)	45,00 EUR
	KFZ-Versicherung pro Monat (Abbuchung einmal jährlich zum Jahresanfang)	31,00 EUR
	sonstige Versicherungen pro Monat (Haftpflicht, Hausrat)	16,00 EUR
	Vereinsmitgliedschaft pro Monat	25,00 EUR
	Zwischensumme	**1.032,00 EUR**
Variable Ausgaben	Telefon	50,00 EUR
	Lebensmittel	450,00 EUR
	Benzin	100,00 EUR
	Kleidung	100,00 EUR
	Taschengeld für Beate	15,00 EUR
	Unterhaltung, Freizeit, Bildung	130,00 EUR
	Zwischensumme	**845,00 EUR**
Rücklagen	Anschaffungen	250,00 EUR
	Geschenke, Mitbringsel	50,00 EUR
	Urlaub	200,00 EUR
	PKW	200,00 EUR
	unvorhergesehene Ausgaben	200,00 EUR
	Zwischensumme	**900,00 EUR**
Gesamtausgaben		**2.777,00 EUR**
Einnahmen	Einkommen pro Monat	2.864,00 EUR
	weiteres Einkommen durch Sondereinnahmen	450,00 EUR
Gesamteinnahmen		**3.314,00 EUR**
verbleiben zum Sparen		**537,00 EUR**

Anmerkung: Die Familie Klug verfügt über ein Monatseinkommen, das etwas über dem Bundesdurchschnitt liegt. Es gibt etliche Familien, die mit deutlich weniger Geld auskommen müssen.

Ob nun jemand zu den Besserverdienenden zählt oder ob die Einkünfte bescheiden sind: Jede Familie muss ihren Finanzplan und Konsum an ihre Einkommensverhältnisse anpassen. Dies fällt bei einem niedrigen Monatseinkommen besonders schwer. Aber gerade hier gilt: Damit sich die Familie nicht verschuldet, muss zunächst auf einige Wünsche verzichtet werden, bis genug Geld angespart worden ist, um ihre Ziele verwirklichen zu können.

Was heißt „Budgetplan"?

Unter einem Budget verstehen wir die einer Person oder einem Haushalt für bestimmte Ausgaben zur Verfügung stehenden Geldmittel. Ein Budgetplan ist also die Bezeichnung für einen Haushaltsplan.

Was besagt das „Prinzip der kaufmännischen Vorsicht"?

Bei jeder Finanzplanung sollten die Ausgaben höher und die Einnahmen niedriger als erwartet angesetzt werden. So gibt es keine Fehleinschätzungen. Es bleibt ein genügend großer finanzieller Spielraum vorhanden.

Der beste Plan bringt ohne Kontrolle nichts.

Familie Klug hat einen Budgetplan für ihre Ausgaben erstellt, den sie auch einhalten sollte. Also sind alle Ausgaben laufend zu kontrollieren. Dabei ist zu beachten: Die tatsächlichen Ausgaben, **Ist-Ausgaben** genannt, stimmen nicht immer mit den geplanten Ausgaben, den **Soll-Ausgaben**, überein. Die Familie Klug muss also herausfinden, ob und wieweit sie ihren Haushaltsplan eingehalten hat. Es kann passieren, dass in dem einen oder anderen Bereich weniger Geld ausgegeben wurde als geplant. Vielleicht wurde diesmal bei Benzin und Geschenken gespart, weil aufgrund widriger Straßenverhältnisse zwei geplante Besuche ausfielen. Dies sollte nicht dazu verleiten, leichtsinnig zu werden und dafür in anderen Bereichen mehr Geld auszugeben.

1.7.6 Der Taschengeldplaner – erster Schritt zum Sparen

Fallbeispiel

Beate kommt entrüstet heim und beschwert sich bei ihren Eltern: „12,00 EUR Taschengeld im Monat, das ist einfach lächerlich. Birgit bekommt seit ihrem 13. Geburtstag 20,00 EUR, Tanja sogar 30,00 EUR. Und dass Ralf sogar jeden Monat 40,00 EUR einschiebt, das hat euch die Nachbarin selbst erzählt." – „Nun mal ganz sachte und vor allem sachlich", erwidert die Mutter. „Du kennst auch viele Mädchen und Jungen, die weniger bekommen. Aber darauf kommt es eigentlich gar nicht an. 10,00 EUR können ziemlich viel und selbst 100,00 EUR eher wenig sein!" „Wieso das? Wie soll ich das verstehen?" entgegnet Beate verunsichert, aber auch ungehalten. Der Wirtschaftsdoc, der gerade zum Kaffeetrinken eingeladen ist, erklärt Beate, worum es geht und worauf es ankommt.

Der Wirtschaftsdoc

Taschengeld

- Kinder im Alter zwischen 6 und 9 Jahren haben im Durchschnitt monatlich über 10,00 EUR zur Verfügung. Mit zunehmendem Alter steigt dieser Geldbetrag deutlich an. Auffällig ist, dass männliche Jugendliche und junge Männer über einen viel höheren Monatsbeitrag verfügen können als Mädchen und junge Frauen.
- Die Höhe hängt vom Alter ab und den damit verbundenen Verpflichtungen. Wie viel und was muss davon finanziert werden?
- Jugendliche, die sich ihre Oberbekleidung, ihre Schulsachen, eine warme Mahlzeit an Schultagen mit Nachmittagsunterricht, Körperpflegemittel, Sportzubehör wie Tennis- oder Tischtennisbälle usw. selbst kaufen müssen, brauchen natürlich mehr Geld, als wenn die Eltern die gewöhnlichen Kosten selbst übernehmen und das Taschengeld nur noch für kleine Vergnügungen wie Kino, Eis, Disco dient.

Jugend und Konsum: **Teure Klamotten**

Von je 100 Jugendlichen (10 bis 17 Jahre) geben Geld aus (♂ / ♀)	für	Monatliche Ausgaben in Euro
21 / —	Kleidung	25 Euro
11 / —	Schuhe, Turnschuhe	24
44 / —	Ausgehen	19
52 / —	Handy	18
17 / —	Computer-Software	13
11 / —	Sportgeräte	11
34 / —	CDs, Kassetten	9
9 / —	DVDs, Videos	9
47 / —	Fastfood	7
24 / —	Kosmetika	7
18 / —	Accessoires	7
15 / —	Spielzeug	6
9 / —	Haustiere	6
46 / —	Getränke	5
36 / —	Bücher, Comics	5
9 / —	Bastelsachen	5
59 / —	Süßigkeiten	4
42 / —	Zeitschriften	4

Mehrfachnennungen Quelle: SCHUFA, IJF Stand 2005

Aufgaben für Gruppenarbeit

1. Studiert die Grafik auf der Seite 32 „Jugend und Konsum". Welche Erkenntnisse lassen sich daraus ableiten?
2. Überprüft, inwieweit die Angaben über die Verwendung des Taschengelds euren Gewohnheiten und Bedürfnissen entsprechen.
3. Entwerft ein Rollenspiel für zwei oder drei Personen. Es geht darum, Mutter und/oder Vater davon zu überzeugen, dass ihr etwas mehr Taschengeld braucht. Beachtet bei eurem Rollenspiel, dass es auf die richtige Strategie, einen günstigen Zeitpunkt, höfliche Umgangsformen und vor allem gute Argumente ankommt. Dabei dürft ihr nicht nur Wünsche stellen, sondern müsst den Eltern aufmerksam zuhören und auf ihre Antworten eingehen.
4. Setzt euch mit dem Thema auseinander: Geld als Belohnung für gute Schulnoten: Ja oder Nein? Sprecht zu Hause mit euren Eltern über dieses Problem.
5. Es gibt Eltern, die von ihren Kindern Rechenschaft über das ausgegebene Taschengeld fordern. Entwerft ein Rollenspiel mit der Absicht, die Eltern davon zu überzeugen, dass das Taschengeld frei verfügbares Geld ist, für das man selbst verantwortlich ist.

Nicht nur Erwachsene sollten Haushaltsbücher führen. Dies ist ebenso für Kinder und Jugendliche eine gute Möglichkeit, vernünftig mit dem Taschengeld umzugehen und möglichst 10 % oder auch mehr für ein besonderes Ziel anzusparen.

Der Taschengeldplaner von Beate zeigt dir, wie dies geht. Benutze Beates Modell als Kopiervorlage und führe ab sofort einen ähnlichen Taschengeldplaner. Du wirst schnell feststellen, dass du damit deine Ausgaben besser in den Griff bekommst.

Der Taschengeldplaner – erster Schritt zum Sparen

Hobby, Freizeit	CD, Bücher	Kleidung	Essen, Trinken	Schulbedarf	Geschenke	Sonstiges	Gesamt	Sparen
#####	#####	####	#####	#####	#####	####	#####	#####
#####	#####	####	#####	#####	#####	####	#####	#####
#####	#####	####	#####	#####	#####	####	#####	#####
#####	#####	####	#####	#####	#####	####	#####	#####
#####	#####	####	#####	#####	#####	####	#####	#####
#####	#####	####	#####	#####	#####	####	#####	#####
#####	#####	####	#####	#####	#####	####	#####	#####
#####	#####	####	#####	#####	#####	####	#####	#####

1.8 Geld und Zahlungsverkehr

1.8.1 Entstehung und Bedeutung von Geld

Fallbeispiel

Beate besucht ihre Freundin Birgit, ihr Briefmarkenalbum unter den Arm geklemmt. Birgit hat ihr heute in der Pause erzählt, sie würde zum Geburtstag von ihren Eltern eine neue Playstation bekommen. Beate schlägt Birgit einen Tauschhandel vor: „Willst du mir nicht deine alte Playstation abgeben? Du kannst dir Briefmarken aussuchen und bekommst noch deine Lieblings-CD." Die Freundin winkt ab: „Kein Bedarf. Ich sammle eigentlich gar keine Briefmarken mehr. Außerdem: Ohne Moos – ist nichts los. Die Kohle brauche ich jetzt dringend."

Beate versucht nun, ihre Freundin zu einem anderen Tausch zu überreden. Bargeld will Beate nicht rausrücken, weil sie sich zum Sparen entschlossen hat. Trotz der Freundschaft kommt kein Handel zustande. Birgit erklärt: „Die Playstation ist mehr wert als die Sachen, die du mir anbietest. „Mir egal. Ich werde schon einen Käufer finden – notfalls auf dem Flohmarkt."

Wie das Fallbeispiel zeigt, funktioniert ein Tausch oftmals nicht reibungslos. Warum?

Ein Bauer, der z. B. ein Pferd braucht, stößt mit seiner Milchkuh, die er verkaufen will, beim Pferdebesitzer auf wenig Gegenliebe. Ein Schäfer, der für seine Herde einen neuen Schäferhund braucht, kann den Hundezüchter wohl kaum mit Schafen, Gänsen oder Hühnern beglücken.

Dazu gesellt sich das Problem: Wie viele Kühe ist ein Reitpferd wert? Wie viele Schafe, Gänse oder Hühner sind für einen tüchtigen, jungen Schäferhund angemessen? Trotzdem wird auch heute noch getauscht.

Aufgaben für Einzelarbeit

1. Wann hast du schon einmal getauscht? Berichte über deine Erfahrungen.
2. Wo liegen die Vorteile, wo die Nachteile beim Tauschhandel?

Seit wann und warum gibt es Geld?

Aus der Geschichte: Bereits aus dem 15. Jahrhundert vor Christi sind in Mitteleuropa große genormte Kupferrohstoffstücke in verschiedenen Formen bekannt. Sie bilden den Übergang von der Natural- zur Münzwirtschaft. Seit dem 7. Jahrhundert vor Christi waren in Griechenland und dem römischen Kaiserreich bereits Silber-, Gold- und Kupfermünzen als Zahlungsmittel im Umlauf. Mit dem Zerfall des weströmischen Reiches ging auch dessen Münzwesen zugrunde.

Ein Sprung ins Mittelalter: Seit dem 13. Jahrhundert kamen neben Groschen, Kreuzern und Schillingen die zunächst in italienischen Städten geprägten Goldmünzen, Gulden genannt, als Zahlungsmittel auf. Ende des 15. Jahrhunderts gesellte sich der silberne Taler dazu.

Geld ist deshalb entstanden, weil die Nachteile beim Warentausch zu groß waren. Erst durch das Geld hatten die Menschen einen Wert in der Hand, der gegen alles eingetauscht werden konnte. Geld war nicht verderblich und leicht in kleine Einheiten teilbar. Geld stellte also einen Wertmaßstab da, um Dinge in ihrem Wert zu messen und zu vergleichen.

1.8.2 Aktuelle Formen des Zahlungsverkehrs

1.8.2.1 Die Barzahlung

Bei dieser Art des Zahlungsverkehrs wird die Ware bar, also in Form von Banknoten und/oder Münzen bezahlt. Als Nachweis für die ordnungsgemäße Bezahlung der Ware sollte man eine Quittung verlangen. Kassenzettel zählen aufgrund der fehlenden Unterschrift rechtlich gesehen **nicht** zu den Quittungen, werden aber bei Reklamationen als Kaufnachweis anerkannt.

Der Wirtschaftsdoc

Bedeutung und Aufgaben von Geld

- Geld wird in allen Ländern als **gesetzliches Zahlungsmittel** anerkannt.
- Es dient als **Tauschmittel** und bildet den **Wertmaßstab** für Güter und Dienstleistungen.
- Es wird als **Recheneinheit** eingesetzt und ist in kleinere Einheiten aufteilbar.
- Es **bleibt gültig** und gilt als **Wertaufbewahrungsmittel**.
- Geld **verdirbt nicht** und ist **ziemlich fälschungssicher**.

Exkurs: Unsere Währung stellt sich vor

Für uns ist der Euro schon ganz alltäglich geworden – dabei gibt es ihn als gesetzliches Zahlungsmittel in den beteiligten Ländern der Europäischen Union (EU) erst seit 2002.
Nach den ersten Jahren mit dem Euro lässt sich ein Fazit ziehen: Wir freuen uns bei Urlaubsreisen in das europäische Ausland darüber, dass in fast allen Länder der lästige Geldumtausch weggefallen ist. Geschäftsleute sind erleichtert, weil das einheitliche Zahlungsmittel den Handel in der EU vereinfacht und gefördert hat. Allerdings ließ sich in manchen Bereichen tatsächlich ein Preisanstieg beobachten. Die EU ist schon auf 27 Mitgliedsstaaten angewachsen. Mehr als die Hälfte davon – nämlich 15 Länder – haben bisher den Euro als gesetzliche Währung eingeführt.

Aufgaben für Einzel- und Partnerarbeit

1. Frag zu Hause nach:
   a) Welche Erfahrungen hat deine Familie mit der Umstellung auf den Euro gemacht?
   b) Welche Probleme sind dir bekannt geworden?

Fallbeispiel

Beate fragt den Wirtschaftsdoc, was alles getan wird, um das Geld möglichst fälschungssicher zu machen, und was sie tun könne, damit sie nicht versehentlich eine „Blüte" in die Hand bekommt. Der Wirtschaftsdoc Bernd erklärt ihr:

„Wichtig sind vor allem:
- *großes Kopfbild auf der Note,*
- *eine spezielle Drucktechnik,*
- *ein spezielles Papier,*
- *die Einlagerung fluoreszierender Fasern,*
- *Kopfbildnisse als Wasserzeichen,*
- *ein aluminiumbeschichteter Sicherheitsfaden,*
- *weitere unsichtbare Merkmale.*

Lass dir insbesondere bei Dämmerung und bei Dunkelheit keine Münzen und Geldscheine andrehen. Das gilt vor allem beim Urlaub in einem Land, wo du die Banknoten ohnehin nicht genau kennst. Sieh beim Geldwechsel hin und rechne exakt nach, wie viel du bezahlen musst und welche Summe du zurückbekommst. Gut schätzen und nachrechnen ist wichtig."

Wie prüft man die Echtheit einer Euro-Banknote?

1. *Schließe am besten die Augen und ertaste die Oberfläche nach besonderen Strukturen. Aufgrund der besonderen Drucktechnik kannst du die Abkürzung der Europäischen Zentralbank, die Wertzahlen und einige Abbildungen fühlen.*
2. *Betrachte den Geldschein im Gegenlicht. Dann erkennst du auf jeden Fall ein Wasserzeichen und den Sicherheitsfaden. Diese Merkmale müssen auf der Vorder- und Rückseite erkennbar sein.*
3. *Wenn du die Banknote kippst, siehst du bei den 5- bis 20-Euro Scheinen auf der Vorderseite im eingearbeiteten Folienstreifen das Euro-Symbol und die Wertbezeichnung. Diese Angaben findest du dann auch auf der Rückseite dieser Scheine auf dem so genannten Perlglanzstreifen, der etwa in der Mitte der Banknote als Glanzeffekt erscheint. Bei Scheinen im Wert von 50,00 Euro und mehr entdeckst du auf der Vorderseite ein Hologramm, das das Architekturmotiv und die Wertbezeichnung zum Vorschein bringt. Auf der Rückseite verändert sich die Farbe der Wertzahl in der rechten unteren Ecke beim Kippen, je nach Betrachtungswinkel purpurrot bzw. olivgrün oder braun.*
4. *Hast du alle Sicherheitsmerkmale gefunden, so liegt dir eine echte Banknote vor.*

1.8.2.2 Die Überweisung

Fallbeispiel

Beate hat sich im Versandhandel Melcher ein T-Shirt für 30,00 EUR bestellt und bekommt nun die Rechnung. Sie findet es praktisch, dass sie den Überweisungsauftrag ihrer Sparbank zuhause ausfüllen kann.

Der Weg eines Überweisungsauftrags

Der Wirtschaftsdoc

Die Überweisung

- Um Rechnungsbeträge überweisen zu können, müssen der **Zahlungspflichtige** (Schuldner) und der **Empfänger** (Gläubiger) über ein **Girokonto** verfügen. Dies gilt für den gesamten bargeldlosen Zahlungsverkehr.
- Rechtlich gesehen weist der Schuldner seine Bank an, die gewünschte Summe vom eigenen Konto abzubuchen und auf das Konto des Gläubigers gutzuschreiben.
- Das beauftragte Kreditinstitut erstellt eine **Lastschrift** für das Konto des Zahlungspflichtigen und eine **Gutschrift** für das Konto des Empfängers.
- **Geldschulden sind Bringschulden.** Der Schuldner kommt für die Kosten auf.
- Der Kunde füllt den **Überweisungsvordruck** aus. Das Geldinstitut übernimmt die Abbuchung und Weiterleitung an den Zahlungsempfänger.
- Das **Original** bleibt als Auftrag bei der Bank.

Aufgaben für Einzelarbeit

1. Beschaffe dir von deiner Hausbank bzw. der Sparkasse eine Mustervordruckmappe für den bargeldlosen Zahlungsverkehr. Du erhältst diese Materialien kostenlos.
2. Fülle jetzt einen Überweisungsvordruck aus und achte darauf, dass du genau in die angegebenen Felder schreibst und die Ränder der vorgegebenen Kästen nicht überschreitest. Du kannst Empfänger, Betrag, Zahlungsanlass usw. frei wählen.
3. Überlege, a) wann eine Überweisung praktisch ist und b) wann du eine andere Zahlungsform wählen würdest.

1.8.2.3 Der Scheck

Fallbeispiel

Beate sieht zu, wie ihr Vater einen Verrechnungsscheck über 50,00 EUR an sein Patenkind Thomas ausstellt und ihn in einen Briefumschlag steckt. Beate: „Paps, wieso legst du nicht einen 50-Euroschein in den Briefumschlag? Warum stellst du einen Verrechnungsscheck aus und schreibst darauf Thomas Anschrift, obwohl die Adresse doch bereits auf dem Briefumschlag steht? Ist das nicht unnütze Arbeit?"

„Wegen der Sicherheit muss das so sein. Wenn ich Bargeld in den Briefumschlag stecke, könnte jedermann den Betrag stehlen. Und beweisen ließe sich so gut wie gar nichts. Es lohnt sich dagegen nicht, einen Verrechnungsscheck zu entwenden. Der Scheck wird von meinem Konto abgebucht und auf das Girokonto des Empfängers gutgeschrieben. So lässt sich der Buchungsweg exakt zurückverfolgen. Niemand darf sich einen Verrechnungsscheck bar auszahlen lassen. Mit der vollständigen Anschrift des Empfängers wird der Verrechnungsscheck noch sicherer."

„Warum habe ich solche Scheckvordrucke nicht von der SPARBANK bekommen?" – „Du bist noch nicht volljährig und damit nur beschränkt geschäftsfähig. Erst ab deinem 18. Geburtstag bekommst du auf Antrag von der SPARBANK ein Scheckheft und darfst Schecks ausstellen."

Nur zur Verrechnung

BANK IN NEUHAUSEN

D E

Zahlen Sie gegen diesen Scheck

—fünfzig—

Betrag in Buchstaben

EUR

Betrag: Euro, Cent

—50,00—

noch Betrag in Buchstaben

an Thomas Schuster, Erlangen oder Überbringer

MUSTER

20..-11-18

Ausstellungsort, Datum

Unterschrift des Ausstellers Hans Klug

Sonderzuwendung

Verwendungszweck (Mitteilung für den Zahlungsempfänger)

Der vorgedruckte Schecktext darf nicht geändert oder gestrichen werden. Die Angabe einer Zahlungsfrist auf dem Scheck gilt als nicht geschrieben.

Bank-Verlag Köln 47.101 (07/01)

| Scheck-Nr. | X | Konto-Nr. | X | Betrag | X | Bankleitzahl | X | Text |

3412567890123⌐ 2424112400⌐   12345678⌐ 01⌐

Bitte dieses Feld nicht beschriften und nicht bestempeln

Der Wirtschaftsdoc

Barschecks und Verrechnungsschecks

- Der **Barscheck** ist ein Inhaberpapier. Wer ihn unterschrieben bei der Bank des Scheckausstellers vorlegt, erhält das Geld bar ausbezahlt. Der Betrag wird vom Konto des Scheckausstellers abgebucht. Barschecks sind gefährlich; denn bei Diebstahl oder Verlust kann ein unterschriebener Barscheck von jedermann eingelöst werden. Mit dem Vermerk „Zur Verrechnung" wird er in einen Verrechnungsscheck umgewandelt.

- Der **Verrechnungsscheck** ist weitgehend sicher. Der Buchungsweg lässt sich exakt zurückverfolgen, da der Betrag nicht bar ausgezahlt, sondern auf das Konto des Empfängers gutgeschrieben wird. Der Verrechnungsscheck ist praktisch, weil er gefahrlos auch im Briefumschlag verschickt werden kann.

Aufgaben für Einzelarbeit

1. Warum dürfen Minderjährige grundsätzlich keine Schecks ausstellen? Begründe deine Meinung.
2. Überlege, wann im privaten und geschäftlichen Bereich häufig mit Verrechnungsschecks bezahlt wird. a) Nenne die Vorteile. b) Sind dir auch Nachteile bekannt?
3. a) Wie lässt sich jeder Barscheck in einen Verrechnungsscheck umwandeln?
   b) Nimm das Scheckformular aus deiner Mustervordrucksmappe und stelle an eine beliebige Person einen Verrechnungsscheck über 1.250,00 EUR aus.

Fehlertext – Vorsicht: Falle

Ein Schüler hat nicht so gut aufgepasst und als Hausaufgabe einen Bericht über das Geld verfasst. Dabei sind ihm Fehler unterlaufen. Mach es besser! Berichtige den Text und schreibe ihn komplett neu in dein Heft.

Eine Überweisung ist praktisch und bequem, weil nur der Aussteller ein Girokonto benötigt. Der Höchstbetrag liegt bei 200,00 EUR. Minderjährige dürfen keine Überweisungen ausstellen. Der Barscheck ist ein Teilhaberpapier. Er ist bis zu 200,00 EUR versichert. Der Betrag kann nur bei der Bank des Empfängers bar ausgezahlt werden. Der Minderjährige darf zwar einen Verrechnungsscheck, aber keinen Barscheck ausstellen. Der Verrechnungsscheck lässt sich bequem in einen Barscheck umwandeln. Steht die Adresse des Absenders drauf, so ist es völlig ungefährlich, ihn in einen Briefumschlag zu stecken. Bei der Vorlage der Scheckkarte wird jeder Verrechnungsscheck auch bar ausgezahlt.

1.8.2.4 Die Scheckkarte

Fallbeispiel

Als Beate kurz nach ihrem 14. Geburtstag mit ihrem Vater zur SPARBANK geht, um ihr Girokonto zu eröffnen, überrascht dieser sie mit einem nachträglichen Geburtstagsgeschenk. „Pass auf Beate, ich zahle auf dein Girokonto zusätzlich 25,00 EUR ein. Sobald du deine Scheckkarte zugestellt bekommst, gehst du zur SPARBANK und lässt dir deine Geheimnummer geben.

Der Wirtschaftsdoc hat dir ja bereits erklärt, wie du dir deine PIN gut einprägen und sie außerdem sicher verschlüsseln kannst. Ist dies geschehen, zeige ich dir gern, wie du mit der Scheckkarte Geld abheben kannst. Natürlich wird dir anfangs auch gern ein Mitarbeiter der SPARBANK behilflich sein, wenn dir dies lieber ist."

„Paps, stimmt es, dass ich mit der Scheckkarte beim Einkauf bezahlen kann?" „Natürlich nicht, wenn du eine Kleinigkeit beim Metzger, Bäcker oder Supermarkt einkaufst bzw. es nur um ein paar Cents oder wenige Euro geht. Aber bei größeren Einkäufen, wenn du dir neue Klamotten oder eine Playstation kaufst, wird die Scheckkarte allgemein akzeptiert. Freilich musst du deine PIN im Kopf haben."

Mehr und mehr setzt sich im alltäglichen Zahlungsverkehr der Kontoausgleich mittels „electronic cash" durch. Diese moderne Zahlungsform ist für alle Beteiligten vorteilhaft. Insbesondere aber profitiert davon der Verkäufer. Der Zahlungsvorgang wird blitzschnell abgewickelt; die zeitaufwendige Scheckbearbeitung entfällt.

Es müssen weder Rechnungen noch Mahnungen geschrieben werden. Bei „electronic cash" werden nach Ladenschluss sämtliche Daten der Hausbank übermittelt und die Beträge dem Konto des Verkäufers gutgeschrieben. Die Belastung wird auf dem Konto des zahlungspflichtigen Kunden bzw. Schuldners vorgenommen.

Der Wirtschaftsdoc

Drei Nutzungsmöglichkeiten für die Scheckkarte oder ec-Karte

- **Die ec-Karte dient als „Ausweis" beim Bezahlen mit dem Eurocheque.**
- **Mit der Scheckkarte kann man bequem beim Geldautomaten Geld abheben.** Das eigene Geldinstitut berechnet dafür keine Gebühren, wohl aber jedes fremde Kreditinstitut.
- **„Electronic cash" setzt sich immer mehr durch.** Beim Einkauf schiebt der Kunde seine ec-Karte in ein Lesegerät ein und bestätigt den angezeigten Betrag per Tastendruck. Sobald er seine PIN eingetippt hat, ist der Zahlungsverkehr für ihn abgeschlossen. Der Kunde muss nicht unterschreiben, sollte sich aber den Kontoausgleich quittieren lassen.

Aufgaben für Einzelarbeit

Wann empfiehlt es sich, a) bar zu bezahlen, b) den Rechnungsbetrag zu überweisen, c) einen Verrechnungsscheck auszustellen, d) mit der Scheckkarte zu bezahlen? Führe jeweils ein passendes Beispiel an.

1.8.2.5 Die Kreditkarte

Fallbeispiel

Martin zeigt seiner Familie stolz seine Kreditkarte. Auf Beates Frage, wozu er diese denn brauche, erklärt Martin: „Ich will ja im Sommer mit meiner Freundin Corinna nach Portugal verreisen. Im Ausland ist eine Kreditkarte besonders vorteilhaft. Wir brauchen nicht so viel Bargeld mitzunehmen und sind besser vor Verlust und Diebstahl geschützt. Wir können fast überall unsere Rechnungen mit dem Plastikgeld begleichen, sei es im Hotel, in der Gastwirtschaft, im Kaufhaus oder an der Tankstelle. Von Freunden weiß ich, dass man in den USA als nicht kreditwürdig angesehen wird, sofern man über keine Kreditkarte verfügt."

Vor allem bei Leuten, die öfters ins Ausland verreisen, sind Kreditkarten sehr beliebt. Wer daran interessiert ist, füllt bei dem gewünschten Kreditkartenunternehmen einen Antrag aus. Im Allgemeinen wird ein Jahresbeitrag zwischen 20,00 EUR und 50,00 EUR erhoben. So können ohne große Formalitäten Rechnungen bezahlt werden. Nach Vorlage der Kreditkarte wird ein Beleg erstellt und vom Kunden unterschrieben.

Einmal monatlich erhält der Kunde eine Aufstellung seiner Umsätze, die an die Kreditkartenfirma zu bezahlen sind. Die Schuldsumme wird von seinem Girokonto abgebucht.

Das Kreditkartenunternehmen schreibt die Rechnungsbeträge nach Abzug von einer ca. fünfprozentigen Gebühr auf die Konten der Gläubiger gut. Dies sind z. B. Hotels, Gastwirtschaften, Tankstellen, Flughäfen und Kaufhäuser.

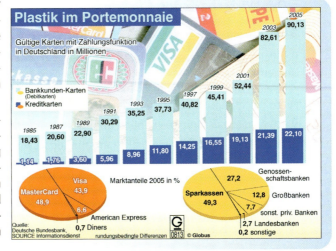

Wie die Grafik zeigt, hat sich seit 1985 die Anzahl der in Deutschland ausgegebenen Kredit- und Bankkundenkarten vervielfacht.

Eine Bankkundenkarte erhält man von der Bank, bei der man ein Konto eröffnet. Damit kann man den Kontoauszugsdrucker benutzen und mit einer persönlichen Geheimzahl Geld von Geldautomaten abheben und im Handel bezahlen. EC-Karten zählen z.B. zu den Bankkundenkarten.

Aufgaben für Einzel- oder Partnerarbeit

1. Studiere die Grafik. a) Wer ist von den Kreditunternehmen in Deutschland Marktführer? Wer liegt an 2. und wer an 3. Stelle? b) Worauf führst du den Kreditkartenboom im Einzelnen zurück?
2. a) Schildere wesentliche Vorteile, die der Besitz einer Kreditkarte bringt.
   b) Welche Nachteile, Risiken und Gefahren können damit verbunden sein?

1.8.2.6 Der Dauerauftrag

Fallbeispiel

Beates Mutter stöhnt: „Der Sportverein hat den Jahresbeitrag erhöht. Da muss ich meinen Dauerauftrag ändern. Das kostet nicht nur etwas Zeit, sondern eventuell auch eine erneute Gebühr."

„Wieso das?" will Beate wissen. Die Mutter erklärt ihr: „Wenn sich Zahlungen in gleicher Höhe regelmäßig wiederholen, ist ein Dauerauftrag sehr praktisch. Ich spare mir Arbeit und vergesse nichts. Möglicherweise verlangt die Bank für jede Änderung oder Aussetzung des Dauerauftrags jedoch eine erneute Gebühr. Das ist ärgerlich."

Am Abend sieht Beate den Wirtschaftsdoc. Sie nutzt die Gelegenheit, Bernd noch ein paar Fragen zum Dauerauftrag zu stellen.

Der Wirtschaftsdoc

Der Dauerauftrag

- Der Dauerauftrag eignet sich für alle **wiederkehrenden Zahlungen in gleicher Höhe und zum gleichen Zeitpunkt**, z. B. monatlich, vierteljährlich, halbjährig, ganzjährig, wie Miete, Pacht, Taschengeld, Versicherungsbeiträge.
- Der Dauerauftrag läuft gewöhnlich **unbefristet**.
- Daueraufträge sind bei **regelmäßig anfallenden Zahlungen** unter Privatleuten beliebt, wie Taschengeld, Miete, Unterstützung eines Angehörigen.
- Die Bank überweist den gewünschten Betrag zum **festgesetzten Termin** an den im Dauerauftrag vermerkten Empfänger.

1.8.2.7 Das Einzugsverfahren (Lastschriftermächtigung)

Fallbeispiel

Chris und Hans Klug beschließen auf Anregung ihres Sohnes Martin, eine Wirtschaftszeitung zu abonnieren. Sie beziehen zunächst drei kostenlose Probeexemplare. Da Martin und seinen Eltern das Journal gefällt, wollen sie die wöchentlich erscheinende Fachzeitschrift zunächst für ein Jahr bestellen. Sie sind mit einer vierteljährlichen Bezahlung einverstanden und erteilen auf dem beiliegenden Bestellformular ihre Genehmigung zum Lastschriftverfahren.

Beate, die zuschaut, fragt ihre Eltern: „Warum stellt ihr keinen Dauerauftrag aus?" Ihr Bruder Martin erklärt ihr: „In diesem Fall ist das Lastschriftverfahren am praktischsten. Wir haben keine Arbeit, wir zahlen keine Gebühren und sollte sich der zu zahlende Betrag ändern, wird automatisch der höhere Betrag von unserem Konto abgebucht." Beate will jetzt noch wissen, wann ein Dauerauftrag und wann das Einzugsverfahren vorzuziehen ist. Am besten kann ihr das der Wirtschaftsdoc erklären.

Der Wirtschaftsdoc

Das Einzugsverfahren

- Im Gegensatz zum Dauerauftrag können **auch unregelmäßig zu leistende Zahlungen in unterschiedlicher Höhe** abgebucht werden wie Einkäufe im Versandhandel oder Telefongebühren.
- Der Schuldner hat den Vorteil, dass **keine Gebühren** anfallen und er sich um nichts kümmern muss. Bei Beanstandungen kann er das Einzugsverfahren durch Mitteilung an seine Bank stoppen. Man spricht dann von **„Storno oder Stornieren"**.
- Der Gläubiger weiß, dass er sein **Geld pünktlich bekommt.** Er erspart sich das lästige, zeit- und kostenaufwendige Mahnverfahren.

Dauerauftrag	Einzugsermächtigung
• regelmäßig wiederkehrende Zahlungen	• wiederkehrende, oft auch einmalige Zahlungen
• Betrag in gleicher Höhe	• gleiche oder unterschiedliche Höhe
• von privat zu privat	• von Unternehmen zu Privathaushalt
• von privat zu Unternehmen	• von Unternehmen zu Unternehmen
• Schuldner zahlt Gebühren	• Gläubiger zahlt Gebühren
Beispiele: Taschengeld, Wohnungsmiete, Vereins- und Versicherungsbeiträge, Zeitungsabos	*Beispiele:* Telefonrechnungen, Einkäufe im Versandhandel, Vereins- und Versicherungsbeiträge, Zeitungsabos, Kfz-Steuer

Aufgaben für Einzel- oder Partnerarbeit

Wähle aus und begründe deine Entscheidung, welche Zahlungsweise jeweils zu empfehlen ist. Manchmal bieten sich mehrere Zahlungsformen an.

1. Familie Klug hat ihre monatliche Telefonrechnung zu bezahlen.
2. Familie Klug bezahlt vierteljährlich ein Zeitschriftenabonnement.
3. Frau Klug bestellt im Versandhandel gelegentlich Bücher und Schallplatten.
4. Herr Klug fährt zum Tanken und nimmt noch einen Kasten Mineralwasser mit.
5. Der Wirtschaftsdoc bezahlt im Ausland seine Hotelrechnung.
6. Oma Klug kauft im Warenhaus für ein paar EUR Lebensmittel ein.
7. Vater Klug zahlt monatlich an Beate Taschengeld.
8. Oma Klug bekommt von Hans eine monatliche Zuwendung in gleicher Höhe.
9. Martin bringt sein Auto zur Reparatur. Beim Abholen erhält er die Rechnung.
10. Martin benötigt am Wochenende noch etwas Bargeld.
11. Herr Klug kauft sich im Supermarkt eine neue Heimwerker-Mehrzweckmaschine.
12. Herr Klug lädt zum Geburtstag seine Skatfreunde zum Abendessen ins Gasthaus ein.
13. Bei Familie Klug wird die Hundesteuer für Globo fällig.
14. Martin bezahlt alle sechs Monate die Prämie für die Berufsunfähigkeitsversicherung.

Kluges Handeln im Zahlungsverkehr ist bei Übung gar nicht schwer.

1.8.2.8 Moderne Bankgeschäfte – Internetbanking

Fallbeispiel

Chris und Hans haben eine Rechnung für die Reparatur ihres Autos erhalten. Sie wollen den Betrag sofort überweisen, da ihnen der Händler einen großzügigen Nachlass eingeräumt hat. Beate verfolgt das Gespräch der beiden Eltern.

Vater Hans: „Chris, kannst du morgen zur Bank gehen, um die Rechnung für unser Auto zu überweisen?"

Mutter Chris: „Morgen passt es mir nicht. Ich muss die Oma zum Arzt fahren und Beate die Vokabeln für die Schulaufgabe abfragen."

Vater Hans: „Wenn ich um 17:00 Uhr das Geschäft verlasse, ist die Bank schon geschlossen. Nur am Donnerstag ist eine Stunde länger geöffnet."

Beate: „Aber der Wirtschaftsdoc macht doch seine Bankgeschäfte meistens erst nach 18:00 Uhr. Wieso geht das bei ihm? Er hat mir erst neulich erzählt, dass er jetzt fast alle Geschäfte mit der Bank von zu Hause aus erledigt."

Vater Hans: „Er erledigt das telefonisch oder übers Internet mit dem PC. Da wir einen Internetanschluss haben, sollten wir uns jetzt mal genau über das Onlinebanking informieren. Der Wirtschaftsdoc hat mich schon davon überzeugt, dass es viel günstiger ist, seine Bankgeschäfte übers Internet abzuwickeln. Er zahlt keine Kontoführungsgebühren und ordert seine Aktien billiger."

Aufgaben für Einzel- oder für Gruppenarbeit

1. Nenne drei Vorteile, die das Internetbanking der Familie Klug bringen kann.
2. Warum bemühen sich auch im privaten Lebensbereich immer mehr Menschen um einen Internetanschluss?
3. Nenne drei negative Auswirkungen bzw. Probleme, die im Zusammenhang mit dem Internetbanking für etliche Bankkunden entstehen könnten. Denke dabei an die Oma Kerstin.

Was bietet das Internetbanking? Wie funktioniert es?

Viele Unternehmen und Privatpersonen wickeln mittlerweile ihre alltäglichen Bankgeschäfte über das Internet ab. Der Weg zur Bank wird gespart und die Öffnungszeiten spielen keine Rolle. Allerdings müssen die Kunden über das erforderliche Fachwissen sowohl im Umgang mit dem PC als auch im Hinblick auf die Bankgeschäfte verfügen. Über Telefon oder Internet werden vor allem erledigt:

- Überweisungen vornehmen,
- Schecks bestellen,
- Kontostand überprüfen,
- Daueraufträge einrichten, ändern, löschen,
- Wertpapiergeschäfte (Kauf und Verkauf von Aktien) ausführen.

Um diese Geschäfte tätigen zu können, sind ein PC und ein Internetanschluss notwendig. Danach wird eine Freischaltung des Kontos für das Internetbanking beantragt. Die Formalitäten sind ähnlich wie bei einer gewöhnlichen Kontoeröffnung. Über die Internetadresse, z. B. www.sparbank-scheinfeld@bank.de, erfolgt der Zugriff auf das eigene Konto.

Die Bank teilt jedem Nutzer eine PIN (persönliche Identifikationsnummer) zu. Diese gibt der Kontoinhaber jedesmal an, sobald er Bankgeschäfte tätigt. So erkennt die Bank, dass es sich um die berechtigte Person handelt. Wer seine PIN verrät, eröffnet dem Betreffenden den Zugang zu seinem Konto. Um das Internetbanking durchführen zu können, genügt es, sich anzumelden und die Kontonummer und die PIN über Tastatur einzugeben.

Nach der erfolgten Anmeldung und Identifikation kannst du das gewünschte Bankgeschäft ganz normal abwickeln.

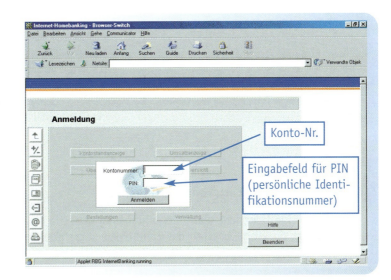

 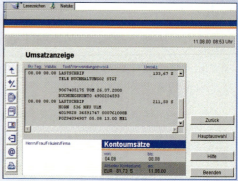

Zusätzliche Sicherheit gefragt

Um sicherzugehen, dass der dazu berechtigte Kontoinhaber und niemand sonst die Überweisung tätigt, gibt es neben der **PIN** noch die **TAN (Transaktionsnummer)**. Überweisungen werden auch als Transaktionen bezeichnet, daher der Name. Für jede Überweisung gibt es eine eigene Geheimnummer. Die Nummern sendet uns die Bank in Form eines **TAN-Blockes** zu. Keine Nummer darf zweimal verwendet werden.

Aufgaben für die Arbeit am PC

1. Besorge dir von zwei verschiedenen Geldinstituten die Internetadresse und informiere dich über das Angebot für jugendliche Bankkunden.
2. Welche Leistungsunterschiede fallen dir auf?

Vorteile und Nachteile des Onlinebankings

Vorteile	Nachteile
• Bankgeschäfte können jederzeit unabhängig von den Öffnungszeiten durchgeführt werden.	• Internetbanking erfordert Fachwissen und -können, um die Geldgeschäfte sachkundig abwickeln zu können.
• Jeder Buchungsvorgang ist sofort am Bildschirm sichtbar.	• Es droht Gefahr durch eine unzureichend geschützte PIN oder TAN.
• Sofern ein Internetzugang besteht, lassen sich von jedem Ort aus Bankgeschäfte abwickeln.	• Es gibt Befürchtungen über den „gläsernen Menschen". Zahlungen werden für andere Leute nachvollziehbar.

Aufgaben für Einzel oder Partnerarbeit

1. Erstelle eine Übersicht über alle Zahlungsformen, die es heute gibt.
2. Versuche, die Möglichkeiten des Zahlungsverkehrs grafisch darzustellen, z. B. in Form einer Collage oder mittels Comics.

2 Die Prozentrechnung

Fallbeispiel

Martin beim Wirtschaftsdoc

Martin: „Guten Tag Wirtschaftsdoc. In letzter Zeit habe ich so viel über das Sparen gehört, dass ich mir nun auch ein kleines Vermögen aufbauen will. Aber irgendwie klappt es bei mir trotzdem nicht so richtig."

Doc: „Nimm erst mal Platz und erzähle mir, wie du bislang sparst."

Martin: „Ich habe mir einen Finanzplan zurechtgelegt und versucht, mich daran zu halten. Das Geld, welches am Monatsende übrig bleibt, lege ich auf ein Sparkonto. Meistens schaffe ich es nicht, mehr als 10,00 bis 20,00 EUR im Monat zu sparen. Das restliche Geld verschwindet einfach."

Doc: „Willst du wissen, warum das Sparen bei dir nicht funktioniert? An dem Vorsatz zu sparen, was am Monatsende übrig bleibt, sind schon viele Leute gescheitert. Es sollte dir auch möglich sein, mindestens 10 % vom Nettoverdienst zu sparen."

Martin: „Ich verdiene 600,00 EUR, das wären also 60,00 EUR. Das erscheint mir ziemlich unmöglich. Wovon das Benzin bezahlen? Wovon das Ausgehen mit der Freundin finanzieren? Was ist mit Spaß, Vergnügen, Einladungen und Zusammensein mit Freunden?"

Doc: „Niemand verlangt von dir, auf Dinge zu verzichten, die dir viel bedeuten bzw. Spaß machen. Du sollst das Sparen nicht als unangenehme Fessel empfinden. Aber viel Geld verschwindet nur deshalb, weil oft unnötig und undiszipliniert konsumiert wird. Frag dich selbst: Hast du nicht hinterher schon so manche Ausgabe bereut? 10 % vom Nettoeinkommen sind in deiner jetzigen Lage ein guter Anfang. Von jeder künftigen Gehaltserhöhung kannst du dagegen ohne Weiteres 50 % sparen. Entscheidend ist, dass du bereits am Monatsanfang sparst, damit es wirklich klappt."

Aufgaben für Einzel- oder Partnerarbeit

1. Was hat Martin zunächst bei seinen Sparplänen falsch gemacht?
2. Formuliere den Rat, den der Wirtschaftsdoc Martin gab, in einem Satz.
3. Wie hoch sind die Beiträge in EUR, wenn Martin a) 10 %, b) 20 %, c) 30 % von seinem monatlichen Nettoeinkommen spart?

Der Wirtschaftsdoc

Zum Thema Sparen

- Gespart wird grundsätzlich am **Monatsanfang**.
- Es ist vernünftig, einen **festen Prozentsatz** von seinem Einkommen (z. B. Taschengeld) zurückzulegen.
- Jedermann sollte **regelmäßig** und **diszipliniert** sparen.
- Das Ziel des Sparens ist es, sich später größere Wünsche erfüllen zu können bzw. für den Ruhestand vorzusorgen.

Der Wirtschaftsdoc

Zum Thema Prozentrechnung

- Die Prozentrechnung ist ein wichtiges Handwerkszeug im Wirtschaftsleben. Dies gilt für den privaten Bereich und das betriebliche Rechnungswesen.
- Das Prozentzeichen % kommt vom lateinischen „pro centum" und bedeutet „von Hundert". Damit ist also der 100ste Teil von einem Ganzen gemeint.

Beispiele		
$8\% = \frac{8}{100} = 0{,}08$	$5\% = \frac{5}{100} = 0{,}05$	$22{,}5\% = \frac{22{,}5}{100} = 0{,}225$

Gehen wir von folgendem Problem aus: Martins Vater Hans Klug beschließt künftig, monatlich 100 EUR zu sparen. Ist dies viel oder wenig? Denke darüber nach, bevor du weiterliest.

Zur Lösung: Diese Frage lässt sich nur dann zutreffend beantworten, wenn wir wissen, wie viel der Vater monatlich verdient. Im übertragenen Sinne bedeutet dies: Wirtschaftliche Aussagen ergeben oftmals erst dann einen Sinn, wenn die Zahlen zueinander in ein Verhältnis gebracht werden. In diesem Beispiel muss also der Sparbetrag des Vaters mit seinem monatlichen Einkommen ins Verhältnis gesetzt werden. Dies ermöglicht uns die Prozentrechnung.

Bei der Prozentrechnung unterscheiden wir drei verschiedene Größen

Grundwert	Prozentsatz	Prozentwert
Ausgangsgröße	**Verhältniszahl**	**Absolute Größe**
Dies ist der Wert, worauf sich der Prozentsatz bezieht. Der Grundwert ist 100 %.	Damit ist der Wert gemeint, der in Prozent angegeben wird.	Die absolute Größe wird ausgedrückt z. B. in Euro und ist ein Teil des Grundwertes.

2.1 Die Berechnung des Prozentwertes

Es stellt sich die Frage: Wie viel muss Martin sparen, wenn er bei seiner Ausbildungsvergütung in Höhe von 600,00 EUR 10 % zurücklegen will?

Gegeben ist der Grundwert von 600,00 EUR und der Prozentsatz von 10 %.
Gesucht wird der Prozentwert.

Der Wirtschaftsdoc

Der Dreisatz als wirtschaftlicher Lösungsansatz

1. **Schritt:** Schreibe die Beträge in EUR und die Prozentzahlen untereinander.
2. **Schritt:** Der gesuchte Wert wird mit x bezeichnet.
3. **Schritt:** Präge dir den folgenden Merksatz ein: **Multipliziere über Kreuz und dividiere mit dem Wert, der darüber- oder darunter steht.**

Lösung 1 mit Dreisatz:

100 % ≙ 600,00 EUR
10 % ≙ x EUR

über Kreuz multiplizieren

$$x = \frac{600{,}00 \text{ EUR} * 10{,}00\ \%}{100{,}00\ \%} = 60{,}00 \text{ EUR}$$

mit dem darunter oder darüber Stehenden teilen

Martin muss 60,00 EUR sparen.

Lösung 2 mit Formel:

Es gilt:
$$\text{Prozentwert (PW)} = \frac{\text{Grundwert (GW)} * \text{Prozentsatz (p)}}{100{,}00\ \%} = \frac{600{,}00 \text{ EUR} * 10{,}00\ \%}{100{,}00\ \%} = 60{,}00 \text{ EUR}$$

2.2 Die Berechnung des Prozentsatzes

Oma Kerstin schenkt Beate 10,00 EUR. Beate spart davon 1,00 EUR.
Gegeben ist der Grundwert von 10,00 EUR und der Prozentwert von 1,00 EUR.
Gesucht ist der Prozentsatz.

Lösung 1 mit Dreisatz:

10,00 EUR ≙ 100 %
1,00 EUR ≙ x %

$$x = \frac{1{,}00 \text{ EUR} * 100{,}00\ \%}{10{,}00 \text{ EUR}} = 10{,}00\ \%$$

In diesem Fall spart Beate also 10 % ihres Taschengeldes.

Lösung 2 mit Formel:

Es gilt:
$$\text{Prozentsatz (p)} = \frac{\text{Prozentwert (PW)} * 100{,}00\ \%}{\text{Grundwert (GW)}} = \frac{1{,}00 \text{ EUR} * 100{,}00\ \%}{10{,}00 \text{ EUR}} = 10{,}00\ \%$$

2.3 Die Berechnung des Grundwertes

Beate denkt darüber nach: Wie viel muss Martin verdienen, wenn er 30 % sparen und deshalb 210,00 EUR monatlich zur Seite legen will?

Gegeben ist der Prozentsatz von 30 % und der Prozentwert von 210,00 EUR.
Gesucht wird der Grundwert.

Lösung 1 mit Dreisatz:

30 % ≙ 210,00 EUR
100 % ≙ x

$$x = \frac{100{,}00\ \% * 210{,}00 \text{ EUR}}{30{,}00\ \%} = 700{,}00 \text{ EUR}$$

Martin müsste also 700,00 EUR monatlich verdienen, um 210,00 EUR bei einer Sparquote von 30 % ansparen zu können.

Lösung 2 mit Formel:

Es gilt:
$$\text{Grundwert (GW)} = \frac{\text{Prozentwert (PW)} * 100{,}00\ \%}{\text{Prozentsatz (p)}} = \frac{210{,}00 \text{ EUR} * 100{,}00\ \%}{30{,}00\ \%} = 700{,}00 \text{ EUR}$$

Die Formeln im Überblick

Der Prozentwert

$$PW = \frac{GW\ (EUR) * p}{100{,}00\ \%}$$

Der Grundwert

$$GW = \frac{PW\ (EUR) * 100}{p\ (\%)}$$

Der Prozentsatz

$$p = \frac{PW\ (EUR) * 100}{GW\ (EUR)}$$

Du kannst grundsätzlich mit **Formel** oder mit **Dreisatz** rechnen. Da aber bei vielen Aufgaben der Dreisatz die Arbeit erheblich erleichtert, solltest du den Dreisatz gründlich einüben und dir folgenden Satz merken:

Notiere Prozentsätze und EUR-Beträge jeweils untereinander. Der reine Grundwert ist immer mit 100 % anzusetzen. Multipliziere über Kreuz und dividiere mit dem darüber- oder darunterstehenden Wert.

Der Wirtschaftsdoc

Bequeme Prozentsätze

Wie du von Seite 50 weißt kann jeder Prozentsatz auch als Bruch mit dem Nenner 100 geschrieben werden.

z.B. $25\ \% = \dfrac{25}{100}$

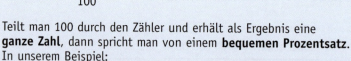

Teilt man 100 durch den Zähler und erhält als Ergebnis eine **ganze Zahl**, dann spricht man von einem **bequemen Prozentsatz**. In unserem Beispiel:

100 : 25 = 4, das heißt, der Teiler ist vier.

Möchte man zum Beispiel 25 % von 3.200,00 EUR (Grundwert) berechnen, so muss man 3.200,00 EUR durch den Teiler 4 dividieren und erhält bequem das Ergebnis:

3.200,00 EUR : 4 = 800,00 EUR

Es gibt folgende bequeme Prozentsätze:

2 % = 1/50 des Grundwertes	25 % = ¼ des Grundwertes
5 % = 1/20 des Grundwertes	33 ⅓ % = ⅓ des Grundwertes
10 % = 1/10 des Grundwerts	50 % = ½ des Grundwertes
20 % = 1/5 des Grundwerts	

2.4 Rasches Abschätzen ist vorteilhaft

Im Wirtschaftsleben ist es nicht immer notwendig, sämtliche Zahlen exakt zu berechnen, wie wir dies vom Fach Mathematik gewohnt sind. Selbstverständlich arbeiten wir auf die Kommastellen genau, sobald dies erforderlich ist. Oft aber reicht es aus, blitzschnell abzuschätzen, ob relativ viel oder wenig geboten wird, ob etwas eher günstig oder ungünstig erscheint.

Fallbeispiel

Beates und Martins Eltern wollen, dass die Terrasse ihrer Eigentumswohnung mit Holz verkleidet wird. Heute bietet die Firma SUPERSCHNELL der Familie Klug als besonderes Entgegenkommen an, von den ursprünglich kalkulierten 1.333,00 EUR noch 118,00 EUR nachzulassen. Vom Wirtschaftsdoc wissen Chris und Hans Klug, dass sie sich im Allgemeinen mit weniger als 10 % Nachlass kaum zufriedengeben sollten.
Somit ist zu überlegen: *Erscheint dieses Angebot eher als günstig oder ungünstig?*
Außerdem ist zu berechnen: *Wie viel sind 118,00 EUR von 1.333,00 EUR in Prozent?*
Die Schätzantwort lautet: *Es sind deutlich weniger als 10 %. Folglich erscheint den Eltern das Angebot nicht als extrem günstig.*

 ## Aufgaben Rechnungswesen

Aufgabe 2-1 Rechnungswesen

Die mit der Familie Klug befreundete Nachbarsfamilie Weise hat ein monatliches Nettoeinkommen von 2.000,00 EUR. Im Oktober haben die Nachbarn das Geld wie folgt verwendet:

Lebensmittel	*500,00 EUR*	*Auto/Busfahren*	*100,00 EUR*	*Sparen*	*400,00 EUR*
Wohnung	*400,00 EUR*	*Versicherungen*	*100,00 EUR*		
Unterhaltung	*200,00 EUR*	*Sonstiges*	*300,00 EUR*		

1. Wie viel Prozent des Monatseinkommens hat die Nachbarsfamilie Weise für die einzelnen Bereiche ausgegeben?
2. Familie Weise wollte 20 % von ihrem Monatseinkommen sparen. Ist ihr dies gelungen? Führe den Beweis mittels Dreisatz durch.

Aufgabe 2-2 Rechnungswesen

Die Firma ADA stellt durchschnittlich pro Tag 3 400 Bälle her. Eine Überprüfung ergab, dass davon 128 Bälle fehlerhaft waren. Das Unternehmen hatte eine Ausschussquote von höchstens 5 % eingeplant.
Ist der Firma ADA dieses Vorhaben gelungen?

Aufgabe 2-3 Rechnungswesen

Für 1 000 Bälle verlangte die Firma ADA 10.000,00 EUR. Sie muss ihre Preise wegen der starken ausländischen Konkurrenz marktbedingt um 20 % senken.
Wie hoch sind die Preissenkung und der neue Preis in EUR?

Aufgabe 2-4 Rechnungswesen

Die Firma ADA produziert 12 000 Fußbälle.
Wie viele Bälle kann ADA an die Kunden ausliefern, wenn mit einem Ausschuss von bis zu 5 % gerechnet wird?

Aufgabe 2-5 Rechnungswesen

Martin kauft sich im Winterschlussverkauf eine Jacke, die ursprünglich für 100,00 EUR gehandelt wurde. Jetzt wurde sie um 25 % billiger angeboten.

Wie viel muss Martin für die Jacke im Winterschlussverkauf bezahlen?

Aufgabe 2-6 Rechnungswesen

Die Nachbarsfamilie Maier erzählt, sie hätte sich ein Auto gekauft und 3.000,00 EUR angezahlt. Den Rest des Kaufpreises würde sie in 15 Monatsraten zu je 1.000,00 EUR abzahlen. Das Auto würde bei Sofortzahlung 15.000,00 EUR kosten.

Um wie viel Prozent verteuert sich das Auto der Familie Maier durch die Ratenzahlung?

Aufgabe 2-7 Rechnungswesen

Ermittle die jeweils fehlenden Beträge und gib neben der Lösung auch den Lösungsweg an.

	Grundwert	Prozentsatz	Prozentwert
a)	100,00 EUR	8 %	########
b)	########	6 %	50,00 EUR
c)	50,00 EUR	########	10,00 EUR
d)	200,00 EUR	50 %	########
e)	400,00 EUR	75 %	########
f)	800,00 EUR	########	320,00 EUR
g)	900,00 EUR	200 %	########
h)	60,00 EUR	2,5 %	########
i)	100,00 EUR	########	12,50 EUR
j)	200,00 EUR	########	45,00 EUR
k)	300,00 EUR	33,33 %	########
l)	120,00 EUR	25 %	########

Aufgabe 2-8 Rechnungswesen

Die Familie Klug will in ihrem Wohnzimmer einen neuen Korkboden legen. Der Raum hat eine Abmessung von 5,00 Meter auf 4,00 Meter. Der Verkäufer sagt den Eheleuten, dass sie mit 10 % Verschnitt (Abfall) rechnen müssen. Ein Quadratmeter kostet 10,00 EUR.

Wie viel kostet der Familie Klug der neue Korkboden?

Aufgabe 2-9 Rechnungswesen

Die Firma ADA erzielte im Jahr 2006 einen Gewinn von 320.000,00 EUR. Der Gewinn war damit um 64.000,00 EUR höher als ein Jahr zuvor.

1. Schätze ab, ob eine Gewinnsteigerung von mindestens 12,5 % erreicht wurde und begründe deine Meinung.
2. Um wie viel Prozent ist der Gewinn der Firma ADA im Jahr 2006 tatsächlich gestiegen?
3. Wie stark hätte im Jahr 2006 der Gewinn in EUR steigen müssen, wenn die Gewinnsteigerung 30 % betragen hätte?

3 Die Auswertung von Belegen im privaten Haushalt

3.1 Der Aufbau eines Beleges

Fallbeispiel

Christine und Hans Klug bestellen im Internet für ihren Sohn Martin einen grafikfähigen Taschenrechner, den er für den Unterricht an der Berufsschule benötigt. Ein paar Tage später kommt das Paket bei Familie Klug zu Hause an und Beate studiert neugierig mit ihrer Mutter zusammen die Rechnung. Im BWR-Unterricht ihrer Schule hat sie bereits die wichtigsten Begriffe eines solchen Belegs kennengelernt und hier für euch beschriftet.

Der Wirtschaftsdoc

Bei eingehenden Rechnungen sollten wir immer Folgendes überprüfen:

- Wer hat die Rechnung an uns geschickt?
- Haben wir die in Rechnung gestellten Waren oder Dienstleistungen bestellt und auch erhalten?
- Ist die Qualität einwandfrei?
- Stimmen die Mengenangaben und Preise?
- Erst wenn alles korrekt ist, bezahlen wir die Rechnung. Ansonsten reklamieren wir, d. h. wir teilen mit, was wir zu beanstanden haben.

Aus dem Kapitel 1.8.2 wisst ihr, dass es neben der Rechnung noch folgende gängige Belegarten gibt.

- Bei der Barzahlung erhält man eine **Quittung**.

- Rechnungen werden meist mittels **Überweisungsformular** beglichen.

- Ob der Rechnungsbetrag vom Konto abgebucht wurde erkennt man auf einem **Kontoauszug**.

Christine Klug **Kontoauszug**			vom 05.04.20..		Stadtbank Nürnberg	
					Alter Kontostand	
Kontonummer	Auszug	Blatt	Geschäftsstelle	Währung	Soll	Haben
210 520	55	1	Nürnberg	EUR		1.300,00
					Umsätze	
Buchungstag		Wir haben für Sie gebucht		Wert	Belastung	Gutschrift
05.04.20..		Vorgang: Sportrucksack (Schulshop) BLZ: 900 500 20		05.04	19,99	

3.2 Die Umsatzsteuer am Beispiel der Telefonrechnung

Fallbeispiel

Es ist der 15. November. Vater Hans ärgert sich über die Abrechnung der MOBILTELEFONA AG: Beate und Martin wirken bedrückt; denn die Telefonrechnung des letzten Monats ist sehr hoch. Hans Klug wurden 150,00 EUR abgebucht, deutlich mehr als die Familie im Haushaltsplan angesetzt hat. Der Vater beschuldigt seine Kinder, häufig stundenlang zu telefonieren. Schuldbewusst gibt Beate zu, dass sie mit ihrer Patentante Sonja in München viermal jeweils ein bis zwei Stunden telefoniert hat. Vater Hans lenkt ein und sagt. „Gut, Beate, dass du es zugibst; aber ich habe es bereits gewusst. Um ganz genau zu sein: „Du hast genau 7 Stunden und 43 Minuten mit Tante Sonja telefoniert. Viel schlimmer schlägt allerdings zu Buche, dass du und Martin oft Freunde auf dem Handy anruft."

Aufgaben für Einzel- oder Partnerarbeit

1. Woher wusste Vater Hans bereits, welche Familienmitglieder zu welcher Zeit die Telefonrechnung unnötig in die Höhe getrieben haben?
2. Weshalb werden Telefonabrechnungen auf Wunsch überhaupt so genau erstellt?
3. Was nützt es dem Kunden im privaten und im geschäftlichen Bereich zu erfahren, wer mit wem bei welcher Gesellschaft zu welcher Zeit telefoniert?

Fallbeispiel

Beate ist beeindruckt, dass ihr Vater Hans genau weiß, wann und wie lange sie mit ihrer Patentante Sonja telefoniert. Sie fragt deshalb ihren Vater, wieso er aufgrund der Abrechnung alles zurückverfolgen kann. Der Vater erklärt seiner Tochter: „Weißt du Beate, für jede Zahlung, die wir im privaten Haushalt tätigen, erhalten wir einen Beleg, auf dem vermerkt ist, für welche Leistungen wie viel berechnet wird. Auf der Telefonrechnung steht z. B., mit welcher Gesprächsnummer wir wann in welcher Entfernungszone telefoniert haben und wie hoch die angefallenen Gebühren sind. Am besten, wir schauen uns deshalb die letzte Rechnung der MOBILTELEFONA AG gemeinsam an."

IHRE RECHNUNG

MOBILTELEFONA AG, Kundenniederlassung
Rechnungsdatum: 20..-11-15
90040 Nürnberg

Rechnungsmonat: Oktober 20..
Kundennummer: 19 894 567 321

Familie
Chris und Hans Klug
Hauptstraße 28
90400 Nürnberg

Bitte immer angeben
Rechnungsnummer: 906 521 850
Buchungskonto: 49 312 049 032
Seite 1 von 2
Bei Rückfragen Tel.: (0 80) 03 2103
Telefax: (0 80) 03 21 44

Artikel oder Leistung	Artikel/ Leistungs-Nr.	Volumen/ Tarif/Zeit	Nettoeinzel- betrag EUR	Nettogesamt- betrag EUR	UST %
Monatliche Beträge 20..-10-01 bis 20..-10-31 (falls nicht anders angegeben)					
Verrechnungsnummer 730 800 921 248					
1. Basisanschluss (DSS1)	04010	1	40,00	40,00	19
Standard - Mehrgeräteanschluss					
Summe: Monatliche Beträge				40,00	
Beträge für Verbindungen					
Ruf-Nr. (09 11) 93 41 52					
Verbindungen vom 20..-10-01 bis 20..-10-31					
2. 81 Cityverbindungen	03125	224	0,1033	23,14	19
65 Deutschlandverbindungen Normaltarif	03226	137	0,1033	14,15	19
3. Verbindungen Mobilfunknetz	03268	100	0,1033	10,33	19
Summe der Beträge				87,62	
Umsatzsteuer				16,65	19
Rechnungsbetrag				**104,27**	

MOBILTELEFONA AG
Bahnhofplatz 2, 90403 Nürnberg
Kundenbuchhaltung 02 Stuttgart, Postfach 50 20 21, 7 03 69 Stuttgart
Bank Stuttgart (BLZ 603 100 71) Kto.-Nr. 384 653 653
USt-IdNr.: DE 388544972

Beleg Nr. 5:

AUTOHAUS SIMPSON
VERTRAGSHÄNDLER SEIT 1936

Herrn Prof.
Dr. Bernd Klug
Kapellenweg 5
90404 Nürnberg

R E C H N U N G

Belegnummer	0 296 150
Kundennummer	101 069
Datum	20..-12-18

Fahrzeug-modell	Amtliches Kennzeichen	Fahrgestell-Nummer	Zulassungs-datum	Kilometerstand
SPORTAUTO	N-KL-757	WOL0SBF 765X40321	20..-02-05	23 407

Menge	Katalognummer	Bezeichnung	Einzelpreis EUR	EUR
18	P000111	Jahresinspektion		
		SUMME ARBEITSLOHN		**137,70**
1,00	000 650 307	Filterelement	9,40	9,40
1,00	000 650 468	Dichtring	2,81	2,81
1,00	001 652 540	Dichtring	0,93	0,93
3,50	001 942 190	Synth.-Öl	17,90	62,65
		Gleit- und Sprühmittel		1,85
		SUMME MATERIAL		**77,64**
		SUMME gesamt netto		**215,34**
		19 % USt (EUR)		40,91
		RECHUNGSBETRAG		**256,25**

Wir bedanken uns für Ihren Auftrag. Es bediente Sie Frau Krebs.
Bezahlt per EC-Karte am 20..-12-18

Heike Krebs

USt-IdNr.: DE 843 343 907

④ Wirtschaftliches Handeln in Unternehmen

4.1 Das Modellunternehmen ADA

Wie dir bereits bekannt ist, arbeitet Herr Klug bei der Sportartikelfirma ADA als Facharbeiter. Sein Sohn Martin hat in demselben Unternehmen einen Ausbildungsplatz als Industriekaufmann bekommen. Die Firma ADA begleitet dich in den nächsten Jahren als Modellbetrieb und will dir dabei helfen, die wirtschaftlichen Vorgänge besser zu verstehen. Die folgenden Informationen verschaffen dir einen weiteren Überblick. Sie sind für den Wirtschaftsunterricht wichtig, bieten sie doch die Grundlage für viele Geschäftsvorgänge und Arbeitsaufträge.

Firmenname	ADA-Sportartikel	**Firmenlogo**
Inhaber	Armin Dall	Das Firmenlogo ist eine Grafik, die ADA auf ihren Anzeigen, Plakaten und im Briefkopf aller Geschäftsschreiben aufdruckt.
Rechtsform	Einzelunternehmen	
Unternehmenszweck	Herstellung (Produktion) von Sportschuhen und Sportbällen und zusätzlich Weiterverkauf von Sportbekleidung, die aber bereits als Fertigprodukt eingekauft wird	
Firmensitz	Scheinfeld in Mittelfranken	
Mitarbeiterzahl	insgesamt 70 Vollzeit- und Teilzeitarbeitskräfte	

4.2 Die Erkundung eines Unternehmens

Im Rahmen des BWR-Unterrichts soll Beates Klasse ein Unternehmen in der nahen Umgebung besichtigen. Beate schlägt vor das Unternehmen ADA-Sportartikel zu erkunden, da ihr Vater seit Jahren dort arbeitet und man es bequem zu Fuß erreichen kann.
Ihrer Klasse berichtet sie, dass dort Sportschuhe und Sportbälle hergestellt werden und man sich zusätzlich um den Weiterverkauf von Sportbekleidung kümmert. Aus dem Unterricht weiß die Klasse, dass bei der Herstellung der jeweiligen Produkte **drei Wirtschaftsbereiche** unterschieden werden:

1. **Urproduktion:** In diesem Bereich werden die benötigten Rohstoffe gewonnen (bei ADA wäre das z.B. Leder und Kunststoff). Dieser Bereich ist in den meisten Unternehmen ausgelagert, so dass die einzelnen Firmen die Rohstoffe, die sie benötigen, von Zulieferfirmen beziehen.

2. **Verarbeitung/Produktion:** Hier erfolgt die Verarbeitung der Rohstoffe mit anderen Werkstoffen zum gewünschten Produkt.
3. **Handel/Dienstleistung:** Der dritte Wirtschaftsbereich dient dazu die Produkte an den Kunden weiterzuverkaufen. Manchmal wird diese Aufgabe an ein weiteres Einzelunternehmen ausgegliedert, das sich ausschließlich um den Verkauf der Waren kümmert. So übernimmt ADA zum Beispiel die Veräußerung von Sportbekleidung, die sie bereits als Fertigprodukt einkaufen.

Die Klasse entscheidet sich für das Unternehmen ADA-Sportartikel und bereitet sich nun auf eine Betriebsbesichtigung vor. Hierfür bietet sich folgende Vorgehensweise an:

Vorbereitung   Durchführung   Auswertung   Zeit

(1) Vorbereitung

- Vereinbarung eines Termins für die Besichtigung
- Besorgung von Informationsmaterial (Prospekte, Homepage ...)
- Erstellung eines Fragebogens, welcher auf das Unternehmen abgestimmt ist
- Verteilung einzelner Aufgaben (z.B. Wer begrüßt den Betriebsleiter?)

(2) Durchführung

- Begrüßung durch eine Schülerin/einen Schüler
- Der Betriebsleiter gibt einen kurzen Überblick über das Unternehmen (z.B.: Wie viele Mitarbeiter sind im Moment beschäftigt? Wann wurde das Unternehmen gegründet? ...)
- Besichtigung der einzelnen Unternehmensbereiche
- Beantwortung von Fragen der Schüler
- Gemeinsame Verabschiedung

(3) Auswertung

- Die erhaltenen Informationen werden durch das Erstellen von Diagrammen, Texten, Schaubildern, etc. im Unterricht nachbereitet.
- Die Betriebsbesichtigung wird in Form von Plakaten, in der Schülerzeitung oder auch auf der Schul-Homepage anderen Schülern zugänglich gemacht.

Aufgaben für Gruppenarbeit

1. Diskutiert in der Gruppe, welche Unternehmen eure Klasse besichtigen könnte.
2. Welche Fragen würden auf dem Fragebogen für eine Betriebsbesichtigung auftauchen? Erstellt in eurer Gruppe einen solchen Fragebogen.
3. Welche Aufgaben müssten im Vorfeld an eure Mitschüler verteilt werden?
4. Wie könnte eine Verabschiedung durch eine Schülerin/einen Schüler aussehen?
5. Beschafft euch für ein Unternehmen, welches in der Umgebung liegt, Informationen und erstellt hieraus eine Collage.

4.3 Die Firma ADA als Einzelunternehmen

Fallbeispiel

Im Rahmen eines „Tages der offenen Tür" erkunden Beate und ihre Freundin das Unternehmen ADA-Sportartikel. Die beiden Realschülerinnen sind beeindruckt von den rationellen Betriebsabläufen, den modernen Maschinen und den emsig arbeitenden Leuten in der Produktionsabteilung. Ihr Bruder, der sich vor allem um die jüngeren Gäste kümmern soll, zeigt Beate und Birgit so manches Interessante.

Beate bekommt den Firmenchef zu sehen und hat den Eindruck: „Der Mann hat es zu etwas gebracht. Ich könnte mir gut vorstellen, auch mal Firmenchefin zu sein."

Beate wird bereits klar, dass der Weg dorthin mühsam und steinig sein wird. Dies könnte ihr der Unternehmer Armin Dall uneingeschränkt bestätigen. Zuerst Schulabschluss und Berufsausbildung. Danach Arbeit und Aufstieg in einer größeren Firma. Später die Überlegung, sich selbstständig zu machen, ein Einzelunternehmen zu gründen, um eigene Träume, Ideen und Pläne verwirklichen zu können. Dies alles verlangt großen Fleiß und Einsatz.

Aufgaben für Einzel- oder Partnerarbeit

1. Weshalb träumen viele junge Leute von der Selbstständigkeit? Welche Chancen und Vorteile sind damit verbunden?
2. Berichte von eigenen Erfahrungen und Beobachtungen in Verbindung mit einer Betriebserkundung.

Fallbeispiel

Es gilt, das Umfeld zu erkunden, sich von Fachleuten beraten zu lassen, sich über die Produkte klar zu werden, geeignete Lieferanten ausfindig zu machen, den Kapitalbedarf zu kalkulieren, mit Banken über Kredite zu verhandeln, sich um gute Mitarbeiter zu bemühen. Die Frage nach der Rechtsform, dem rechtlichen Erscheinungsbild der neuen Firma ist ebenfalls zu klären. Bereits im Vorfeld ist klar: bescheidene Lebensführung, harte Arbeit, Abschied von der 35-Stunden-Woche und geregelter Arbeitszeit, Bereitschaft, als Firmenchef zunächst 60 und mehr Stunden wöchentlich zu arbeiten, einige Zeit auf Urlaubsreisen und andere kostspielige Unternehmungen zu verzichten.

Das Grundgesetz garantiert jedem Bürger das Recht, seinen Beruf und Arbeitsplatz frei zu wählen. Auch die Gewerbeordnung sieht die Gewerbefreiheit vor.

Dies bedeutet also, dass sich grundsätzlich jedermann selbstständig machen und ein Unternehmen gründen darf, sofern z. B. vom Umweltschutz, Bau- und Wohnrecht her keine Einschränkungen bestehen, der Betreffende die Voraussetzungen erfüllt und sämtliche rechtlichen Auflagen beachtet.

Der Wirtschaftsdoc

Pro und kontra Einzelunternehmung

Hier handelt es sich um ein Unternehmen, in dem die Rechte und Pflichten in einer Person, dem Firmeninhaber, vereint sind.

Als Vorteile sind für den Inhaber vor allem zu nennen:
- volle Entscheidungsfreiheit
- Verwirklichung eigener Vorstellungen und Ideen
- größere Flexibilität (Beweglichkeit)
- „sein eigener Herr", keinen Vorgesetzten über sich
- keine Streitigkeiten mit einem Gesellschafter
- alleiniger Gewinnanspruch des Inhabers

Folgende Nachteile können damit verbunden sein:
- Haftung sowohl mit dem Betriebs- als auch dem Privatvermögen
- wenig Spielraum für eine Kapitalerhöhung
- Unternehmer trägt das Risiko alleine
- größere Gefahr von Fehlentscheidungen
- zumindest in den ersten Jahren sehr hohe arbeitsmäßige Belastung

Aufgaben für Einzel- oder Partnerarbeit

1. Was könnte einen Betriebsinhaber veranlassen, einen Partner aufzunehmen?
2. Was spricht dafür, als Einzelunternehmer allein verantwortlich zu handeln?

4.4 Firmengründung: Was ist zu beachten?

Fallbeispiel

Dem wagemutigen Jungunternehmer Armin Dall schwebte von Anfang an vor, seine eigenen Ideen ohne Einmischung anderer zu verwirklichen. Deswegen wollte er keinen gleichberechtigten Gesellschafter in seine Firma aufnehmen.

*Um unabhängig zu bleiben und seine Vorstellungen und Ideen ohne den Widerstand anderer verwirklichen zu können, entschied er sich für die Einzelunternehmung. Einen Namen hatte sein künftiges Unternehmen schon längst in seiner Fantasie. Es sollte **ADA-Sportartikel** heißen, gebildet aus den Abkürzungen seines Namens, **A** für **A**rmin, **DA** für **Da**ll. Auch ein passendes Logo stand schon im Entwurf fest. Der Jungunternehmer hatte Glück: Weder Name noch Logo konnte ihm jemand streitig machen.*

Es lag kein Verstoß gegen das Urheberrecht vor. (Nicht nur „Raubkopien" und Produktnachahmungen bzw. -fälschungen sind verboten, sondern auch die Übernahme von Firmen- und Markennamen.)

Firmenname

Nach § 17 HGB „ist die Firma eines Kaufmanns der Name, unter dem er seine Geschäfte betreibt und die Unterschrift abgibt". Die Firma ist der Geschäftsname des Kaufmanns, mit dem er ins Handelsregister eingetragen wird. Der Jungunternehmer Armin Dall kann unter seinem Firmennamen klagen und verklagt werden.

Handelsregister

Das Handelsregister ist ein beim **Amtsgericht** aufliegendes öffentliches Verzeichnis aller **Vollkaufleute** im zuständigen **Amtsgerichtsbezirk**. Es wird vom **Registergericht** geführt. Hier werden die Rechtsverhältnisse wie Inhaber, Geschäftssitz, Firma usw. festgeschrieben. Jedermann kann sich auf Antrag einen Einblick in das Handelsregister verschaffen. Die Tageszeitungen veröffentlichen regelmäßig Eintragungen oder Veränderungen im örtlichen Handelsregister.

Amtsgericht Neustadt Aisch Paulanerplatz 4	91413 Neustadt, 20..-03-28 ☎ (0 91 61) 3 05-0	Amtliche Bekanntmachung
Neueintragung HRA 2765 – 28. März 2001, **Firma ADA-Sportartikel, Sitz in 91443 Scheinfeld (Industriestraße 1)**, Gegenstand des Unternehmens, Herstellung von Sportschuhen und Sportbällen. Firmeninhaber Armin Dall, geb. 9. Dez. 1956, Nürnberg Rechtsverhältnisse: Einzelunternehmen		Auszug aus dem Handelsregister

Aufgaben für Einzel-, Partner- und Gruppenarbeit

1. Wann kann es für jemand nützlich sein, das Handelsregister einzusehen?
2. Warum sind hier die Rechtsverhältnisse festgeschrieben?
3. Geh davon aus, du willst selbst eine Firma gründen.
    a) Wie soll dein Betrieb heißen?
    b) Entwirf ein Firmenlogo.
    c) Schildere kurz deine „Geschäftsidee".

Fallbeispiel

Beate trifft gegen Abend den Wirtschaftsdoc Bernd und will von ihm noch Näheres über die Telefonabrechnung wissen. Sie berichtet ihm von dem zuvor geführten Gespräch mit ihrem Vater, zeigt ihm den Beleg und stellt ihm dazu noch einige Fragen.

Beate: „Lieber Wirtschaftsdoc, woran erkenne ich denn nun, wann und wie lange ich mit wem telefoniert habe?"

Doc: „Bei der Telefonrechnung gibt es auf Wunsch des Kunden einen Einzelverbindungsnachweis, in diesem Fall wird jedes Gespräch exakt mit der Telefonnummer aufgezeigt. Aber selbst wenn darauf verzichtet wird, siehst du z. B. anhand der vorliegenden Rechnung, dass für 23,14 EUR insgesamt Ortsgespräche geführt wurden. Für Ferngespräche sind 14,15 EUR berechnet worden. Und die Mobilfunkgespräche mit dem Handy machten 10,33 EUR aus. Die einzelnen Telefonanbieter werden immer mit Einzelabrechnung aufgeführt."

Beate: „Das begreife ich schon. Nur, warum steht hier als Rechnungsbetrag 104,27 EUR, wenn unsere Familie in diesem Monat einschließlich der Grundgebühr lediglich für 87,62 EUR telefoniert hat?"

Doc: „Beate, das ist leicht nachvollziehbar. Bei allen Einkäufen müssen wir die Umsatzsteuer berücksichtigen. Der Staat kassiert bei den Einkäufen, die wir tätigen, zumeist 19 %. Mit dieser Steuer finanziert er z. B. den Straßenbau, die Schulen und Universitäten, das Kindergeld, die Sozialhilfe und vieles andere mehr."

Beate: „Wie viel muss ich denn bezahlen, wenn ich für 100,00 EUR telefoniere?"

Doc: „Wie man so etwas ausrechnet, habe ich kürzlich auch Martin erklärt. Wir berechnen dies mithilfe der Prozentrechnung. Bei glatten Zahlen lassen sich Prozente im Kopf ausrechnen. Ansonsten geschieht dies mithilfe des Dreisatzes."

Aufgabe für Einzelarbeit

Berechne mithilfe des Dreisatzes, wie viel die Umsatzsteuer (UST) beträgt, wenn wir für 100,00 EUR telefonieren.

Fallbeispiel

Beate: „Lieber Wirtschaftsdoc, um auf dein Beispiel zurückzukommen: Wenn ich also für 100,00 EUR einkaufe, sind darin immer 19 % Umsatzsteuer (UST) enthalten."

Doc: „So einfach und einheitlich wird das leider nicht immer gehandhabt. Zunächst ist zu unterscheiden, ob in unserem Rechnungsbetrag bereits die Umsatzsteuer enthalten ist oder noch dazugerechnet wird. Im ersten Fall sprechen wir vom **Bruttobetrag**. Ist dagegen die Umsatzsteuer noch nicht im Preis berücksichtigt worden, so sprechen wir vom **Nettobetrag**.

Im Übrigen werden nicht bei allen Produkten 19 % Umsatzsteuer erhoben. Bei Lebensmitteln und Schulbüchern beträgt die Umsatzsteuer z. B. lediglich 7 %."

Die Umsatzsteuer (UST)

- Damit ist die Steuer gemeint, die bei jedem Kauf von Gütern oder der Inanspruchnahme von Dienstleistungen anfällt.
- Wir unterscheiden Nettobetrag und Bruttobetrag.
- **Nettobetrag** bedeutet: Die Umsatzsteuer ist noch nicht enthalten.
- **Bruttobetrag** heißt: Die Umsatzsteuer ist bereits enthalten.
- Der Umsatzsteuersatz beträgt bei den meisten Produkten 19 %, bei Lebensmitteln und Druckerzeugnissen (Büchern) dagegen nur 7 %.

3.3 Die Prozentrechnung mit vermehrtem Grundwert

Nicht immer beträgt der gegebene Grundwert 100 %. Er kann auch größer oder kleiner als 100 % sein. Dabei können wir uns aber an das Rechenschema des Dreisatzes halten. Wir erklären hier zunächst den vermehrten Grundwert.

Beispiel: Wie viel Umsatzsteuer müssen wir entrichten, wenn wir für 119,00 EUR einkaufen?

Lösung mit Dreisatz

119 % ≙ 119,00 EUR

19 % ≙ x (UST)

$$x = \frac{119{,}00 \text{ EUR} * 19\,\%}{119\,\%} = 19{,}00 \text{ EUR}$$

Vermehrter Grundwert bei der Umsatzsteuer

- Bei der Berechnung der Umsatzsteuer (UST) taucht das Problem des **vermehrten Grundwertes** auf, wenn der **Bruttobetrag** gegeben ist.
- Im Bruttobetrag ist die Umsatzsteuer mit 7 % oder 19 % bereits enthalten. Folglich beträgt unsere Bezugsgröße nicht mehr 100 %, sondern 107 % oder 119 %. Also sprechen wir vom vermehrten Grundwert.

Halte dich bei derartigen Berechnungen immer an folgendes Schema:

Wichtig ist es dabei herauszufinden, wo sich der reine Grundwert (100 %) befindet. In diesem Beispiel ist dies der **Warenwert netto**.

 Aufgaben Rechnungswesen

Aufgabe 3-1 Rechnungswesen

In der folgenden Aufgabe geht es nicht darum, die Ergebnisse exakt auszurechnen. Vielmehr soll das Abschätzen der ungefähren Zahlengrößen eingeübt werden.

Dazu ein Beispiel als Muster für die Art der Aufgabenstellung:

Auf wie viel EUR beläuft sich die Umsatzsteuer (UST) bei einem Rechnungsbetrag von 3.400,00 EUR brutto?

   a) 4.689,65 EUR   b) 542,86 EUR   c) 46,89 EUR

Die richtige Lösung ist b). Begründung: 19 % von einer vierstelligen Zahl ergeben eine dreistellige Lösung. Schon auf Anhieb ist klar: a) und c) müssen falsch sein.

1. Wie hoch ist die UST bei einem Rechnungsbetrag von brutto 3.000,00 EUR?

   a) 478,99 EUR   b) 730,20 EUR   c) 230,43 EUR

2. Wie hoch ist der Nettobetrag, wenn sich der Bruttobetrag auf 4.000,00 EUR beläuft?

   a) 3.361,34 EUR   b) 34.482,83 EUR   c) 344,82 EUR   d) 7.328,42 EUR

3. Wie hoch ist die UST, wenn der Warenwert netto 1.200,00 EUR beträgt?

   a) 228,00 EUR   b) 1.920,00 EUR   c) 299,00 EUR

4. Wie hoch ist der Bruttobetrag, wenn der Nettobetrag 1.000,00 EUR lautet?

   a) 1.190,00 EUR   b) 2.200,00 EUR   c) 160,00 EUR   d) 11.900,00 EUR

5. Wie hoch ist die UST bei einem Rechnungsbetrag von 11.900,00 EUR?
a) 1.900,00 EUR   b) 3.443,33 EUR   c) 2.323,33 EUR   d) 503,28 EUR

Aufgabe 3-2 Rechnungswesen

Berechne nach folgendem Lösungsmuster die fehlenden Beträge:

	1	2	3
A	Rechnungsbetrag brutto	5.950,00 EUR	119 %
B	- UST	950,00 EUR	19 %
C	Warenwert netto	5.000,00 EUR	100 %

	Rechnungsbetrag brutto	UST in %	UST in EUR	Warenwert netto
1	5.950,00 EUR	19 %	?	?
2	?	7 %	?	150,00 EUR
3	?	19 %	380,00 EUR	?
4	3.570,00 EUR	19 %	?	?
5	214,00 EUR	7 %	?	?
6	?	19 %	570,00 EUR	?
7	11.900,00 EUR	19 %	?	?
8	?	19 %	?	3.000,00 EUR
9	?	7 %	?	10.000,00 EUR

Aufgabe 3-3 Rechnungswesen

Die folgenden Rechnungen (Belege) aus dem privaten Haushalt liegen dir zur Auswertung vor:

1. Warum wurde die vorliegende Rechnung ausgestellt?
2. Nenne die jeweilige Rechnungshöhe.
3. Gib Umsatzsteuer, Rechnungsbetrag brutto und Warenwert netto an. Falls notwendig, berechne die fehlenden Beträge.

Beleg Nr. 1:

Christine Klug **Kontoauszug**			vom 05.04.20..		**Stadtbank** **Nürnberg**	
					Alter Kontostand	
Kontonummer	Auszug	Blatt	Geschäftsstelle	Währung	Soll	Haben
210 520	55	1	Nürnberg	EUR		1.300,00
					Umsätze	
Buchungstag		Wir haben für Sie gebucht		Wert	Belastung	Gutschrift
05.04.20..		Vorgang: Sportrucksack (Schulshop) BLZ: 900 500 20		05.04	19,99	

Beleg Nr. 2:

SPORTSHOP, Postfach 9 87 65, 90402 Nürnberg

Rathausplatz 12
90400 Nürnberg
☎ (09 11) 6 09 35

Beate Klug
Hauptstraße 28
90400 Nürnberg

Auftragsbestätigung/Rechnung Nr. 35586 20..-12-04

Menge	Artikel	Einzelpreis	Gesamtpreis
1	SKI-SET inklusive 19 % UST **SETPREIS**	297,50 EUR	**297,50 EUR**

BETRAG DANKEND BAR ERHALTEN

USt-IdNr.: DE 436 987 102

Beleg Nr. 3:

ARA Tankstelle

Tanseld GmbH
Leipheimer Straße 3
89233 Neu-Ulm/Pfuhl
Tankstellen-Nr. 0150189140
Tel.: 07 31/71 12 95
Fax: 07 31/71 14 33

Beleg-Nr. 67/001/00001 25.07.06

Kartenzahlung

*000004	Super Diesel		56,00 EUR*
*Zp 03	43,55 l	1,109 EUR/l	*

Gesamtbetrag 56,00 EUR

MwSt. A 19,00 % 8,94 EUR

Beleg Nr. 4:

Steffis Blumenladen
Absender

Rechnung

Nr. 738 K
Datum 2. April 20..
Ort Nürnberg
Bank
BLZ
Kto.-Nr.

Empfänger: Hans Klug
Hauptstr. 28
90400 Nürnberg

/
Ihre Bestellung 1. April 20..
Zahlungsbedingungen Bar

Lieferdatum 2. April 20..

Währung z.B. EUR: EUR

	1 Blumenstrauß		25,00

Rechnungs-Endbetrag enthält 19 %MwSt / Betrag 3,99 | 25,00

Die gelieferte Ware bleibt bis zur vollständigen Bezahlung Eigentum des Lieferanten.

selbstdurchschreibend

Im Hinblick auf die Wahl der Rechtsform ist im Einzelnen abzuklären:
- *Wer vertritt das Unternehmen nach außen?*
- *Wer trägt das Risiko und haftet für eventuelle Schulden?*
- *Wer hat die Entscheidungsbefugnis in der neu zu gründenden Firma?*

Die Unterschiede in der Rechtsform haben ihre Ursache in:
- *der Haftungsfrage (Wer kommt für eventuelle Schulden auf?),*
- *den Eigentumsverhältnissen (Wem gehört das Unternehmen?),*
- *der Kapitalaufbringung (Wie erfolgt die Finanzierung?),*
- *der Gewinnverteilung (Wer bekommt den Gewinn?),*
- *der Übernahme von Verantwortung und der Teilhaberzahl.*

Weiteren Aufschluss geben folgende Gesetze: Handelsgesetzbuch (HGB), GmbH-Gesetz (Gesellschaft mit beschränkter Haftung), Aktiengesetz.

Sobald Klarheit über die Rechtsform besteht und ein geeigneter Name ausgewählt wurde, wird der Betrieb bei folgenden Stellen angemeldet:
- *bei der Industrie- und Handelskammer (IHK) als Pflichtmitglied,*
- *bei der Berufsgenossenschaft (Unfallversicherungsschutz der Mitarbeiter),*
- *beim Finanzamt (Abgabenordnung),*
- *beim örtlichen Gemeindeamt (Gewerbeamt),*
- *bei den Sozialversicherungsträgern (Kranken-, Renten-, Unfall-, Arbeitslosen- und Pflegeversicherung),*
- *beim zuständigen Amtsgericht (Eintragung in das Handelsregister).*

4.5 Aufbau und Funktionsbereiche eines Unternehmens

Fertigungsbetriebe sind in der Regel alle nach dem gleichen Muster oder System aufgebaut. Wir wollen uns diese Bereiche anhand der Modellfirma ADA-Sportartikel näher ansehen.

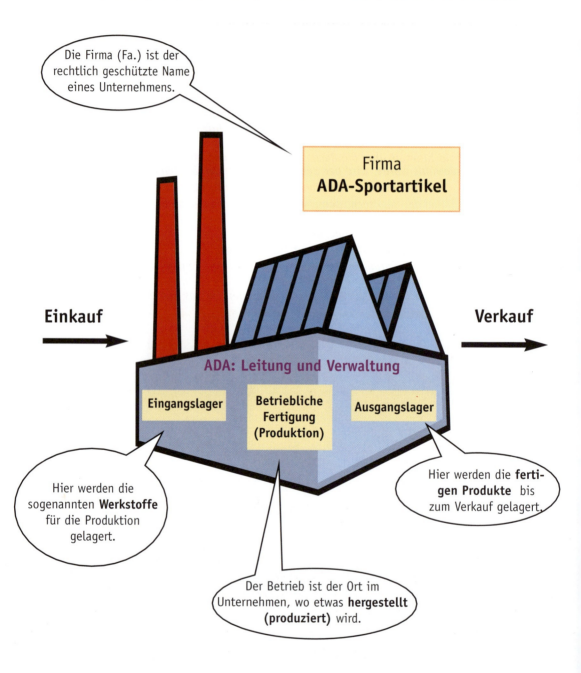

Der Wirtschaftsdoc

Zu den Werkstoffen gehören:

- **Rohstoffe** sind die **Hauptbestandteile** eines Produktes, bei der Firma ADA-Sportartikel also z. B. Leder und Kunststoffe für Bälle.
- **Hilfsstoffe** sind die **Nebenbestandteile** eines Produktes, hier z. B. Leim, Ösen, Farbe usw.
- **Betriebsstoffe** sind **kein Bestandteil** eines Produktes. Sie dienen dazu, dass der Betrieb mit Energie (Strom, Gas) versorgt wird und dass die Maschinen betrieben werden können (Öl, Schmierstoffe, Wasser usw.).
- Daneben gibt es noch **Fremdbauteile** (z. B. Schnürsenkel), die **fertig eingekauft** und dem Produkt zugefügt werden.

Aufgaben für Einzel- oder Gruppenarbeit

1. Nennt neben Leim, Öl und Farben weitere Hilfsstoffe, die in der Firma ADA-Sportartikel benötigt werden.
2. Angenommen, die Firma ADA wäre eine Möbelfabrik, die Schulmöbel aus Holz herstellt. Welche Roh-, Hilfs- und Betriebsstoffe sowie Fremdbauteile braucht man dort?
3. Ordnet die auf den drei Fotos zu sehenden Stoffe den Gruppen Rohstoffe, Hilfsstoffe oder Fremdbauteile zu. Bei den Rollen auf der Abb. 1 handelt es sich um Leder und Kunststoff. Die Sohlen auf der Abb. 2 bezieht die Firma ADA-Sportartikel bei einem Zulieferer. Die Abb. 3 zeigt nicht selbst hergestellte Stollen für Fußball- und Leichtathletikstiefel.

Abb. 1: Rollen mit Leder und verschiedenen Kunststoffen

Abb. 2: Schuhsohlen

Abb. 3: Stollen, vom Zulieferer bezogen

4.6 Die betrieblichen Produktionsfaktoren

Fallbeispiel

Im Unternehmen ADA werden unter anderem Fußballschuhe hergestellt. Herr Klug bringt für seinen Sohn ein Paar neue Fußballschuhe mit, da Martin beim FC Scheinfeld im Fußballverein spielt. Als Mitarbeiter des Unternehmens bekommt er sie ausnahmsweise etwas günstiger.

Welche Voraussetzungen müssen eigentlich gegeben sein, damit ein solcher Schuh produziert werden kann? Martin Klug überlegt, was alles dazugehört und kommt zu folgendem Ergebnis:

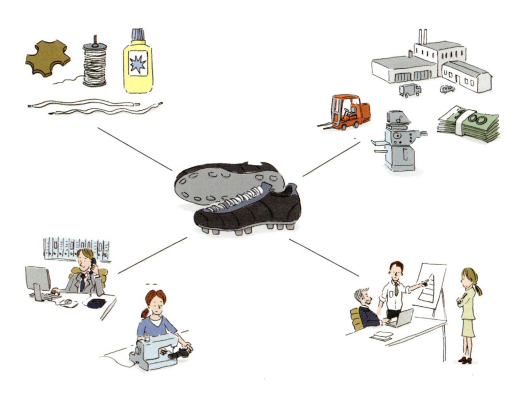

Der Wirtschaftsdoc

Alle Güter und Leistungen, die bei der Herstellung eines Produktes eingesetzt werden, nennt man **betriebliche Produktionsfaktoren.** Es werden vier Hauptfaktoren unterschieden:

- **Werkstoffe** (Roh-, Hilfs-, Betriebsstoffe, Fremdbauteile)
- **Betriebsmittel** (Grundstücke, Gebäude, Maschinen, Geldmittel …)
- **ausführende Arbeitsleistung** (diese Arbeitskräfte befassen sich unmittelbar mit dem Produktionsprozess, z. B. Facharbeiter, Meister, Betriebselektriker, Sekretärin)
- **leitende Arbeitsleistung** (Tätigkeiten einer Person, die sich mit der Unternehmensleitung, Planung und Kontrolle beschäftigen, z. B. Geschäftsführung, Abteilungsleiter)

(Anmerkung: Meist fällt die Unterscheidung zwischen ausführender und leitender Arbeitsleistung schwer, da sie oft in einer Person vereinigt sind.)

Aufgaben für Einzel- oder Partnerarbeit

1. Ordne die folgenden Begriffe den entsprechenden Produktionsfaktoren in einer Bäckerei zu. Gegebenenfalls kannst du innerhalb der Produktionsfaktoren nochmals Überbegriffe finden:
   Mehl, Verkaufsraum, Verkäufer/in, Bäckermeister/in, Bankguthaben, Salz, Bäckergeselle/-in, Strom, Butter, Backofen, Bürokauffrau/-mann, Rührmaschine, Buchhalter/in, Verkaufstheke, Wasser, Betriebsgrundstück, Zucker, Reinigungsmittel

2. In der Firma ADA werden unter anderem auch CNC-Maschinen verwendet.
   a) Recherchiere im Internet, um welche Art von Maschine es sich dabei handelt und wofür die Abkürzung „CNC" steht.
   b) Überlege dir, für welche Arbeiten eine solche Maschine im Unternehmen ADA geeignet sein könnte.

3. Die Begriffe Büromaschinen und Büroausstattung werden oftmals verwechselt. Finde jeweils vier Beispiele aus dem Unternehmen ADA, die diesen Begriffen zuzuordnen sind.

5 Grundlagen der Buchführung

5.1 Onkel Uwe verschafft sich einen ersten Überblick über sein Vermögen

Beispiel

Onkel Uwe lässt vom Wirtschaftsdoc überprüfen, wie gut sein Unternehmen finanziert ist. Ihm selbst erscheint seine Lage recht gut, da er auch von seiner Mutter (Oma Kerstin) großzügig unterstützt wird. Schauen wir uns seine finanzielle Situation genauer an:

Onkel Uwes finanzielle Verhältnisse

Aus seinem Privatvermögen bringt Onkel Uwe in seine Firma ein: einen Personenkraftwagen, eineinhalb Jahre alt, Wert 12.000,00 EUR, Guthaben bei seiner Bank 20.000,00 EUR, Bargeld 8.500,00 EUR.

Oma Kerstin übergibt ihrem Sohn Uwe eine Wohnung, die sich als Büro umbauen lässt, im Wert von 100.000,00 EUR, sowie ein Bankguthaben über 10.000,00 EUR. Dies alles sollte Uwe sowieso einmal erben.

Sein Schwiegervater vermacht ihm als Schenkung aus dessen ehemaligen Unternehmen eine noch brauchbare Büroausstattung im Wert von 10.000,00 EUR.

Das Angebot für die Computeranlage in seinem Büro beläuft sich auf 30.000,00 EUR. Uwe hat ein Zahlungsziel von drei Monaten erhalten, d. h. er kann sich ein Vierteljahr mit dem Bezahlen der Rechnung Zeit lassen. In einem solchen Fall sprechen wir von einer Verbindlichkeit.

Die Bank gewährt ihm ein langfristiges Darlehen von 60.000,00 EUR. Damit finanziert Onkel Uwe den Kauf eines gebrauchten Lieferwagens (30.000,00 EUR), den Umbau der Wohnung zu Büroräumen (10.000,00 EUR), die Anschaffung von weiteren Einrichtungsgegenständen der Firma (10.000,00 EUR) und eines Notebooks mit Beamer und Leinwand für Präsentationen (10.000,00 EUR).

Arbeitsauftrag für Gruppenarbeit

Die Bank verlangt von Onkel Uwe eine exakte Aufstellung über das Vermögen und sämtliche Schulden der neu gegründeten Firma:

1. Schätzt den momentanen Vermögenswert der Firma von Onkel Uwe.
2. Warum wünscht die Bank eine genaue Zusammenstellung aller Vermögenswerte und Schulden?
3. Martin und der Wirtschaftsdoc hätten diese Aufstellung ohne Aufforderung gemacht und der Bank schon zum Gesprächstermin vorgelegt. Warum wohl?
4. Erklärt den Begriff Verbindlichkeiten (VE) aus Lieferungen und Leistungen.

Von der Inventur zum Inventar

Beispiel

Der Wirtschaftsdoc Bernd und Martin als kaufmännischer Auszubildender können Onkel Uwe weiterhelfen. Sie wissen, dass es zum Aufstellen von Vermögenswerten gesetzliche Vorschriften gibt. Wichtig ist vor allem der § 240 HGB (Handelsgesetzbuch).

Das Gesetz: § 240 (1) HGB	Das trifft auf Onkel Uwe zu	
Formalitäten: Jeder Kaufmann hat zu Beginn seines Handelsgewerbes die einzelnen Vermögensgegenstände und Schulden genau zu verzeichnen und ihren Wert anzugeben:	Er gründet gerade sein Dienstleistungsunternehmen.	
Seine Grundstücke:	die zum Büro umgebaute Wohnung	110.000,00 EUR
Seine Forderungen:	Guthaben bei der Bank	30.000,00 EUR
Seine Schulden (Verbindlichkeiten):	gegenüber der Bank gegenüber Lieferanten	60.000,00 EUR 30.000,00 EUR
Die Höhe seines Bargelds:	Kassenbestand	8.500,00 EUR
Seine sonstigen Vermögensgegenstände:	PC-Anlage Fuhrpark Betriebsausstattung (Möbel, Notebook/Beamer)	30.000,00 EUR 42.000,00 EUR 30.000,00 EUR

Fallbeispiel

Onkel Uwe versteht noch nicht so genau, worauf sich der Gesetzestext bezieht, was bei der Inventur alles anfällt und worin die Unterschiede zwischen Kapital und Vermögen sowie Inventar und Inventur bestehen. Da erinnert sich Martin, dass er erst kürzlich in seiner Firma eine Inventur durchgeführt hat. Er versucht, seinem Onkel dies zu erklären.

Fallbeispiel

Martin: „Am Inventurtag haben wir unseren normalen Geschäftsbetrieb eingestellt und alle Vermögensgegenstände unseres Unternehmens gezählt, gewogen und gemessen. Auch Schulden wurden erfasst. Das Ergebnis haben wir in die Inventarliste übertragen. Auf diese Weise gewinnen wir einen genauen Überblick über unser Unternehmen."

Onkel Uwe: „Ihr sprecht öfter von **Kapital** und **Vermögen**. Worin besteht der Unterschied?"

Martin: „Kapital zeigt an, **woher** unser Geld stammt. Es kann uns selbst gehören **(Eigenkapital)**, wir können es aber auch als Kredit von der Bank aufnehmen **(Fremdkapital)**. Vermögen beschreibt, **was** wir mit dem Geld gemacht haben. Du hast einen Lieferwagen, Maschinen und eine Büroausstattung gekauft und verfügst über Bargeld."

Onkel Uwe: „Was bedeutet der Begriff **Inventur**? Was ist mit **Inventar** gemeint?"

Martin: „Inventur ist die mengen- und wertmäßige Bestandsaufnahme aller Vermögensgegenstände und Schulden eines Unternehmens. Wir unterscheiden die **körperliche Inventur**, das Wiegen, Zählen und Messen von Vermögensgegenständen und die **Buchinventur**. Wir stellen mithilfe der Bücher den Umfang unseres Vermögens sowie die Höhe unserer Schulden gegenüber den Lieferern und der Bank fest. Die Ergebnisse der Inventur werden im Inventarverzeichnis aufgelistet. Es handelt sich also um eine Bestandsaufnahme von Vermögensgegenständen."

Aufgaben Rechnungswesen für Einzelarbeit

1. Stelle fest, wann Mitarbeiter von Armin Dall die körperliche Inventur oder die Buchinventur durchführen müssen.
2. Handelt es sich bei den sechs Posten jeweils um Kapital oder Vermögen?
   a) Bankguthaben,   b) Verbindlichkeiten,   c) Forderungen,
   d) Kassenbestand,   e) Geschäftsausstattung,   f) kurzfristiger Bankkredit

Wichtige Begriffe als Grundwissen

- **Inventur:** Damit ist die Erfassung aller Vermögensgegenstände und Schulden eines Unternehmens durch Zählen, Wiegen und Messen **(körperliche Inventur)** sowie mittels **Buchinventur** gemeint.

- **Inventar:** Wir verstehen darunter die aus der Inventur hervorgehende Liste, die Kapital und Vermögen erfasst.

- **Verbindlichkeiten aus Lieferungen und Leistungen (VE):** Wir haben bestellte Ware erhalten und nicht sofort bezahlt. Wir schulden dem Lieferer Geld.

Wichtige Begriffe als Grundwissen

- *Forderungen aus Lieferungen und Leistungen (FO):* Damit ist ein Anspruch auf Geld gemeint, welches wir von Kunden erwarten, wenn wir ein Zahlungsziel einräumen.

- *Kapital (Mittelherkunft):* Woher stammt das Geld in der Firma? Gehört es uns selbst (Eigenkapital) oder haben wir Schulden (Fremdkapital)?

- *Vermögen (Mittelverwendung):* In welchen Werten wurde das Geld angelegt? Haben wir uns davon z. B. Maschinen, Werkzeuge, PC-Anlagen gekauft oder liegt das Geld noch in der Kasse oder auf der Bank?

5.2 Die Pflicht zur Buchführung
Beispiel

Der Wirtschaftsdoc macht Onkel Uwe darauf aufmerksam, dass er ab Firmengründung auch ordentlich Bücher zu führen habe. Dabei informiert er seinen Bruder über das Wesentliche und verweist im Übrigen auf das Handelsgesetzbuch, § 238 HGB. Onkel Uwe erfährt in diesem Gespräch viel Hilfreiches über die Pflicht zur Buchführung und die Art der Buchführung.

§ 238 HGB, Buchführungspflicht	
(1) „Jeder Kaufmann ist verpflichtet, Bücher zu führen ..."	Da Onkel Uwe ein Unternehmen gründet, gilt er als Kaufmann.
In diesen Büchern ist „sein Handelsgeschäft und die Lage seines Vermögens nach den Grundsätzen ordnungsmäßiger Buchführung ersichtlich zu machen."	Onkel Uwe muss sein Vermögen ordentlich auflisten und ein Inventar erstellen. Dieses wird bei der jährlichen Inventur überprüft und aktualisiert.
„Die Buchführung muss so beschaffen sein, dass sie einem sachverständigen Dritten innerhalb angemessener Zeit einen Überblick über die Geschäftsvorfälle und über die Lage des Unternehmens vermitteln kann."	Eine für Rechnungswesen ausgebildete Person (Buchhalter, Steuerberater usw.) muss sich problemlos Einblick in Onkel Uwes Unternehmen verschaffen können.
§ 257 HGB, Aufbewahrungsfrist	
(4) „Die ... aufgeführten Unterlagen sind zehn Jahre ... aufzubewahren."	Onkel Uwe muss seine gesamten Buchführungsunterlagen 10 Jahre ordnungsgemäß und sicher aufheben.

Grundwissen zum Thema Buchführung

- *Jeder Firmengründer gilt nach dem Handelsgesetzbuch (HGB) als Kaufmann.*
- *Er muss sich an den gesetzlichen Vorschriften des Handelsgesetzbuches orientieren.*
- *Er ist zur ordnungsmäßigen Buchführung verpflichtet.*
- *Nur ordnungsgemäß geführte Bücher gelten als Beweis.*
- *Alle wichtigen Unterlagen sind 10 Jahre lang sicher aufzubewahren.*
- *Jeder Firmeninhaber muss bei der Gründung und am Ende eines jeden Geschäftsjahres eine Inventur vornehmen und ein Inventar aufstellen.*

5.3 Onkel Uwe erstellt seine erste Inventarliste

Beispiel

Der Wirtschaftsdoc und Martin übernehmen für Onkel Uwe diese Arbeit und präsentieren ihm eine Inventarliste.

Es gibt bei der Gliederung der Inventarliste zwar keine gesetzlichen Vorschriften. Der Wirtschaftsdoc weiß aber, dass es für die spätere Buchführung sinnvoll ist, sich bei der Gliederung des Inventars an ein bestimmtes Schema zu halten.

Grundwissen: Inventar

Die aus der Inventur hervorgehenden Vermögensgegenstände und Schulden muss ein Unternehmer in einem schriftlichen Verzeichnis übersichtlich zusammenstellen. Dieses Bestandsverzeichnis heißt Inventar.

Die Inventarliste ermöglicht es, einen ersten Einblick in das neu gegründete Unternehmen zu gewinnen. Bereits auf den ersten Blick lässt sich feststellen:

- Wie groß ist das Vermögen der Firma?
- Wie viel Kapital wurde fremd finanziert?
- Wie viel Kapital gehört dem Unternehmen selbst?

Vereinfachtes Inventar zur Gründung von Onkel Uwes Firma CompuSoft am 1. Februar 20..

	Vorspalte EUR	Hauptspalte EUR
A. Vermögen		
I. Anlagevermögen		
1. Bebaute Grundstücke	110.000,00	110.000,00
2. Maschinen	30.000,00	30.000,00
3. Fuhrpark		
Lieferwagen	30.000,00	
Pkw	12.000,00	42.000,00
4. Geschäftsausstattung		
Büroausstattung	20.000,00	
Notebook und Beamer	10.000,00	30.000,00
II. Umlaufvermögen		
1. Bankguthaben		30.000,00
2. Kassenbestand		8.500,00
Summe des Vermögens		250.500,00
B. Schulden (Fremdkapital)		
I. Langfristige Schulden		
Darlehen bei der Bank		60.000,00
II. Kurzfristige Schulden		
Verbindlichkeiten aus Lieferungen und Leistungen		30.000,00
Summe der Schulden (Fremdkapital)		90.000,00
C. Ermittlung des Reinvermögens (Eigenkapital)		
Summe des Vermögens		250.500,00
– Summe der Schulden		90.000,00
Reinvermögen (Eigenkapital)		160.500,00

In Wirklichkeit wird die Inventarliste wesentlich ausführlicher dargestellt.

Anmerkung: Diese **Gliederung des Inventars** hat sich in der Praxis bewährt und wird weltweit von den meisten Unternehmen verwendet. Da wir auf dieses System bis zur 9. Jahrgangsstufe zurückgreifen, solltest du dir die Gliederung und die Zuordnung der einzelnen Posten als **Grundwissen** gut einprägen.

Grundwissen: Gliederung Inventarliste	Erklärung	Ordnungskriterium
A. Vermögen **I. Anlagevermögen** 1. Grundstücke 2. Gebäude 3. Maschinen 4. Fuhrpark (Fahrzeuge) 5. Betriebs- und Geschäftsausstattung	Zum **Anlagevermögen** gehören alle Vermögensgegenstände, die langfristig im Unternehmen angelegt wurden, also mehrere Jahre oder gar Jahrzehnte in der Firma genutzt werden.	nach der **Verweildauer im Unternehmen** Fahrzeuge (Autos) werden gewöhnlich nicht so lange genutzt wie Gebäude und verbleiben deshalb eine kürzere Zeit im Unternehmen.
II. Umlaufvermögen 1. Vorräte 2. Forderungen 3. Bank 4. Kasse	Zum **Umlaufvermögen** gehören Vermögenswerte, die nur kurzfristig im Unternehmen verbleiben und ständig verändert werden. *Beispiel:* Onkel Uwe kauft Büromaterial und bezahlt bar. Also hat er weniger Geld in der Kasse.	nach der **Liquidität (Flüssigkeit)** Wie schnell kann etwas zu Geld gemacht werden? Wir können auf das Geld in der Kasse schneller zugreifen als auf Guthaben auf dem Bankkonto.
B. Schulden (Fremdkapital) **I. Langfristige Schulden** Darlehen **II. Kurzfristige Schulden** Verbindlichkeiten aus Lieferungen und Leistungen	**Schulden** sind das im Betrieb eingesetzte Fremdkapital, das kurzfristig (innerhalb eines Jahres) oder langfristig (nach einem Jahr) zurückzuzahlen ist.	nach der **Fälligkeit** der Schulden Langfristige Schulden, kurzfristige Schulden, kurzfristige Verbindlichkeiten
C. Reinvermögen (Eigenkapital) **Summe des Vermögens** **– Summe der Schulden** **Eigenkapital**	**Reinvermögen** oder **Eigenkapital** ist das Kapital, welches dem Unternehmer selbst gehört.	Kapital bezeichnet die **Mittelherkunft**. Woher stammt das Geld? Vermögen stellt die **Mittelverwendung** dar. Was geschieht mit dem Geld?

Inventur und Inventar	
Inventur	**Inventar**
Es ist der Vorgang des Zählens, Wiegens und Messens zur Erfassung aller Vermögensgegenstände und Schulden einer Firma.	• Es ist ein ausführliches Verzeichnis aller Vermögensgegenstände und Schulden. Die Grundlage dafür bildet die Inventur. • Das Inventar besteht aus den Bereichen: **Vermögen** (Anlage- und Umlaufvermögen), **Fremdkapital** (Schulden) und **Eigenkapital**. • Es umfasst alle Vermögensgegenstände nach Art, Menge und Wert.

Aufgaben Rechnungswesen

Aufgabe 5-1 Rechnungswesen

Wodurch unterscheiden sich Kapital und Vermögen voneinander? Gib dazu jeweils ein treffendes Beispiel an.

Aufgabe 5-2 Rechnungswesen

Auch die Firma ADA muss jährlich ein Inventar erstellen. Dem Auszubildenden Martin wird die Aufgabe übertragen, die folgenden Posten des Inventars zu gliedern:

Nähmaschinen: 20 Stück je 30.000,00 EUR, Pkw weiß: 20.000,00 EUR, Pkw rot: 10.000,00 EUR, Lkw 7,5 t: 40.000 EUR, bebaute Grundstücke: 10.000.000,00 EUR, Bankguthaben: 400.000,00 EUR, Kassenbestand: 30.000,00 EUR, Bankdarlehen (6 Monate): 5.000.000,00 EUR, Forderungen gegenüber Kunden: 2.000.000,00 EUR, Verbindlichkeiten aus Lieferungen und Leistungen: 4.000.000,00 EUR, PC-Anlage: 100.000,00 EUR.

1. Erstelle eine Inventarliste für die Firma ADA.
2. Berechne die Höhe des Eigenkapitals in der Firma ADA.

Aufgabe 5-3 Rechnungswesen

Berechne jeweils die fehlende Größe:

Summe des Vermögens	Fremdkapital	Eigenkapital
1.000.000,00 EUR	400.000,00 EUR	?
?	300.000,00 EUR	1.550.000,00 EUR
370.000,00 EUR	?	210.000,00 EUR
234.200,00 EUR	113.200,00 EUR	?

Aufgabe 5-4 Rechnungswesen

Erstelle zum 31. Dezember 20.. das Inventar für Firma Heckes, Herrenmoden:

Vermögen:

Bankguthaben:
- bei der Kreissparkasse   22.000,00 EUR
- bei der Raiffeisenbank   11.000,00 EUR

Geschäftsausstattung laut Verzeichnis   44.500,00 EUR

Forderungen:
- Kunde Pleyer, Wolfsegg   12.000,00 EUR
- Kunde Wanninger, Donaustauf   9.500,00 EUR

Kassenbestand: 4.000,00 EUR

Fuhrpark:
- 1 Lieferwagen N-HF 99   27.000,00 EUR
- 1 Pkw-Kombi N-PB 75   32.000,00 EUR
- 1 Lkw N-RF 34   65.000,00 EUR

Bebautes Grundstück, Alte Heide 22:   140.000,00 EUR

Büromaschinen:
- 5 Computer Marke „David"   8.500,00 EUR
- 1 Laserdrucker   1.500,00 EUR
- Kopiergerät   2.500,00 EUR

Betriebsgebäude, Alte Heide 22:   420.000,00 EUR

Maschinen:
- 9 Nähmaschinen   6.000,00 EUR
- 2 Stanzmaschinen   3.000,00 EUR

Vorräte laut Verzeichnis: 45.000,00 EUR

Schulden:

Darlehen (6 Monate) bei der Kreissparkasse: 55.000,00 EUR

Verbindlichkeiten:
- Strickwarenfabrik Wegener, Regensburg   23.000,00 EUR
- Leder Mayd, Würzburg   16.000,00 EUR

Hypothek bei der Raiffeisenbank: 80.000,00 EUR

Aufgabe 5-5 Rechnungswesen

Die **Strickwarenfabrik Helmer** aus Regensburg ermittelt am 31. Dezember 20.. die aufgelisteten Inventurwerte. Erstelle dazu das Inventar:

Hypothekenschulden bei der Privatbank Schrader:	90.000,00 EUR
Kassenbestand:	3.000,00 EUR
Maschinen:	60.000,00 EUR
Verwaltungsgebäude, Spitzweg 33:	390.000,00 EUR
Vorräte laut Verzeichnis:	88.000,00 EUR
unbebautes Grundstück, Salvador-Dali-Str. 17:	260.000,00 EUR
Darlehen (10 Monate) bei der Stadtsparkasse:	40.000,00 EUR
Forderungen:	
• Petra-Moden, München	25.000,00 EUR
• Modehaus Deiminger, Regenstauf	7.000,00 EUR
Bebaute Grundstücke:	
• Spitzweg 33	180.000,00 EUR
• Dürerstr. 24	210.000,00 EUR
Bankguthaben:	
• Stadtsparkasse	60.000,00 EUR
• Privatbank Schrader	130.000,00 EUR
• Commerzbank	33.000,00 EUR
Betriebsgebäude, Dürerstraße 24:	510.000,00 EUR
Verbindlichkeiten:	
• Stoffe Mehringer & Co., Bad Abbach	22.500,00 EUR
• Nähbedarf Scheitinger, Burglengenfeld	14.500,00 EUR
• Maschinen Ottinger, Amberg	45.000,00 EUR
Fuhrpark laut besonderem Verzeichnis:	130.000,00 EUR
Geschäftsausstattung laut besonderem Verzeichnis:	60.000,00 EUR

5.4 Die Firma CompuSoft erstellt ihre erste Bilanz

Beispiel

Der Wirtschaftsdoc weiß, dass Onkel Uwe mit dem Aufstellen der Inventarliste noch lange nicht alle gesetzlichen Vorschriften aus dem HGB (Handelsgesetzbuch) erfüllt hat. Daher erinnert er seinen Bruder daran, dass er außerdem noch die Vorschriften der §§ 242, 243, 245, 266 HGB berücksichtigen muss.

Auszug aus dem Handelsgesetzbuch HGB

§ 242 HGB
(1) Der Kaufmann hat zu Beginn seines Handelsgewerbes und für den Schluss eines jeden Geschäftsjahres einen das **Verhältnis seines Vermögens und seiner Schulden darstellenden Abschluss (Bilanz)** aufzustellen.

§ 243 HGB
(1) Der Jahresabschluss ist nach den Grundsätzen ordnungsmäßiger Buchführung aufzustellen.
(2) Er muss klar und übersichtlich sein.

§ 245 HGB
Der Jahresabschluss ist vom Kaufmann unter Angabe des Datums zu unterzeichnen.

Beispiel

Der Wirtschaftsdoc erstellt gemeinsam mit Onkel Uwe die Bilanz. Im ersten Schritt erfassen die beiden Brüder nach § 242 HGB, was an Vermögensgegenständen vorhanden ist. Im zweiten Arbeitsschritt werden die Schulden (Vermögensquellen) gegenübergestellt.

Beispiel

Onkel Uwe gründete sein Unternehmen **CompuSoft** mit folgenden **Vermögenswerten**: bebaute Grundstücke: 110.000,00 EUR, PC-Anlage (Maschinen): 30.000,00 EUR, Fuhrpark: 42.000,00 EUR, Geschäftsausstattung: 30.000,00 EUR, Bankguthaben: 30.000,00 EUR, Kassenbestand: 8.500,00 EUR. Als Vermögensquellen gibt Onkel Uwe an: Eigenkapital: 160.500,00 EUR, langfristige Bankschulden: 60.000,00 EUR, Verbindlichkeiten bei Lieferanten: 30.000,00 EUR.

Onkel Uwes erste Schritte zur Bilanz			
Vermögenswerte (1)		**Vermögensquellen (2)**	
Bebaute Grundstücke	110.000,00 EUR		
PC-Anlage (Maschinen)	30.000,00 EUR	Eigenkapital	160.500,00 EUR
Fuhrpark	42.000,00 EUR		
Büroausstattung	30.000,00 EUR		
Bankguthaben	30.000,00 EUR	Langfristige Bankschulden	60.000,00 EUR
Kassenbestand	8.500,00 EUR	Kurzfristige Verbindlichkeiten	30.000,00 EUR

Bilanz

Stellen wir uns vor, wir legen die Vermögenswerte (Mittelverwendung) und die Vermögensquellen (Mittelherkunft) auf eine Waage. Als Ergebnis erkennen wir, dass beide Seiten der Waage wertmäßig gleich groß sind. Diese Gegenüberstellung bezeichnet das HGB als Bilanz (ital. bilancia).

Onkel Uwes Bilanz – mit einer Waage vergleichbar			
Bebaute Grundstücke	110.000,00 EUR	Eigenkapital	160.500,00 EUR
PC-Anlage (Maschinen)	30.000,00 EUR	Langfristige Verbind-	
Fuhrpark	42.000,00 EUR	lichkeiten (Bank)	60.000,00 EUR
Büroausstattung	30.000,00 EUR	Kurzfristige Verbind-	
Bankguthaben	30.000,00 EUR	lichkeiten (Lieferer)	30.000,00 EUR
Kassenbestand	8.500,00 EUR		
Vermögenswerte:	**250.500,00 EUR**	**Vermögensquellen:**	**250.500,00 EUR**

Warum Bilanz und nicht nur Inventar?

Das **Inventar** eines größeren Betriebes ist nicht übersichtlich genug, um sich rasch einen Überblick über Vermögenswerte (Vermögensverwendung) und Vermögensquellen (Vermögensherkunft) verschaffen zu können. Schließlich müssen im Inventar alle Vermögensteile und Schulden nach Art, Menge und Wert exakt ausgewiesen werden.

Einen besseren Überblick bietet die **Bilanz**, in der Vermögen und Schulden zu Beginn eines Handelsgewerbes und am Schluss eines jeden Geschäftsjahres nach § 242 HGB in Gruppen zusammengefasst werden. Die Gliederung der Bilanz nach § 266 HGB ist Onkel Uwe bereits seit der Erstellung des Inventars geläufig.

Nach § 245 HGB ist die Bilanz unter Angabe des Datums vom Unternehmer **persönlich zu unterschreiben**. Damit zwingt der Gesetzgeber jeden Unternehmer, vom Umfang seines Vermögens und der Höhe seiner Schulden Kenntnis zu nehmen.

Onkel Uwe stellt nun in seiner Firma CompuSoft die Vermögenswerte und die Vermögensquellen in einem sogenannten **T-Konto** (ital. conto = Rechnung) dar. Das T-Konto gleicht unserer Waage.

Die erste Bilanz von Onkel Uwes Dienstleistungsfirma CompuSoft

Aktiva		Bilanz CompuSoft zum 31. Dez. 20..		Passiva
I. Anlagevermögen			**I. Eigenkapital**	160.500,00 EUR
Bebaute Grundstücke	110.000,00 EUR		**II. Fremdkapital**	
PC-Anlage	30.000,00 EUR		Langfristige Verbind-	
Fuhrpark	42.000,00 EUR		lichkeiten (Bank)	60.000,00 EUR
Büroausstattung	30.000,00 EUR		Kurzfristige Verbind-	
II. Umlaufvermögen			lichkeiten (Lieferer)	30.000,00 EUR
Bankguthaben	30.000,00 EUR			
Kasse	8.500,00 EUR			
	250.500,00 EUR			**250.500,00 EUR**

91456 Neustadt, 31. Dez. 20..

Aktiva	Bilanz	Passiva
I. Anlagevermögen II. Umlaufvermögen	I. Eigenkapital II. Fremdkapital	
Kapitalverwendung **Wozu** dient das Kapital?	**Kapitalquellen** **Woher** stammt das Kapital?	

Vergleichen wir die Bilanz mit einer Waage, so ergibt sich das folgende Bild.

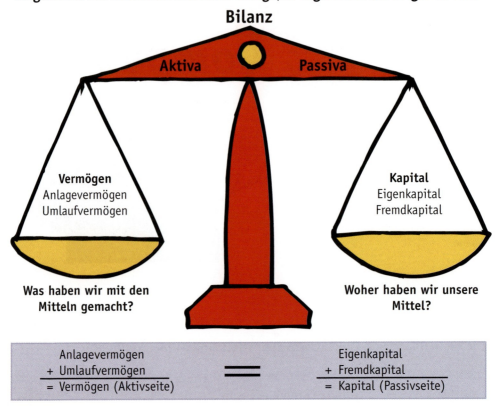

Grundwissen: Bilanz

*Die Bilanz ist eine kurzgefasste Übersicht, in der **Kapital (Mittelherkunft)** und **Vermögen (Mittelverwendung)** gegenübergestellt werden.*

Die Bilanz ist eine Kurzfassung des Inventars in Kontoform.

*Sie enthält auf der linken Seite die Vermögensteile (Mittelverwendung). Wir sprechen von der **Aktivseite**.*

*Auf der rechten Seite werden die Schulden (Fremdkapital) und das Eigenkapital erfasst. Wir sprechen von der **Passivseite**.*

Wichtige Begriffe als Grundwissen

- **Inventar:** ausführliches Verzeichnis von Vermögen und Schulden in Staffelform, hervorgehend aus der Inventur.

- **Bilanz:** Kurzfassung des Inventars in Kontenform. Die Aktivseite (linke Seite) erfasst das Vermögen, die Passivseite (rechte Seite) das Kapital.

- **Anlagevermögen:** langfristig im Unternehmen verbleibende Gegenstände, z. B. Grundstück, Fabrikhalle, Lieferwagen. Das Anlagevermögen wird nach der Nutzungsdauer geordnet.

- **Umlaufvermögen:** kurzfristig im Unternehmen verbleibende Gegenstände, z. B. Vorräte, Werkstoffe, Bankguthaben. Das Umlaufvermögen wird nach der Liquidität (Flüssigkeit) geordnet.

- **Liquidität (Flüssigkeit):** besagt, wie schnell sich Vermögensgegenstände in Geld umwandeln lassen. Bargeld ist flüssiger als Vorräte.

- **Die Bilanzstruktur sieht so aus:**

Bilanzstruktur	
Aktiva	Passiva
Anlagevermögen Umlaufvermögen	Eigenkapital Fremdkapital

Aufgaben für Einzel- oder Partnerarbeit

1. Vergleiche das Inventar mit der Bilanz.
   a) Welche Gemeinsamkeiten liegen vor?
   b) Welche Unterschiede bestehen?
2. Entscheide, ob folgende Behauptungen richtig oder falsch sind und berichtige gegebenenfalls die Aussage.
   a) Anlagevermögen und Umlaufvermögen ergeben das Fremdkapital.
   b) Auf der Aktivseite der Bilanz wird das Vermögen dargestellt.
   c) Die Geschäftsausstattung zählt zum Anlagevermögen.
   d) Eine Bilanz wird vom zuständigen Buchhalter unterschrieben.
   e) Unter Verbindlichkeiten verstehen wir kurzfristige Schulden bei der Bank.
   f) Als Forderung bezeichnen wir das Guthaben auf dem Girokonto.

# Aufgaben Rechnungswesen

Aufgabe 5-6 Rechnungswesen

Berechne die fehlenden Werte in der Aufstellung.

Bilanzposten	1. Jahr in EUR	2. Jahr in EUR	3. Jahr in EUR	4. Jahr in EUR
Anlagevermögen	?	700.000,00	?	500.000,00
Umlaufvermögen	700.000,00	?	1.550.000,00	?
Gesamtvermögen	?	2.000.000,00	2.500.000,00	?
Eigenkapital	400.000,00	?	950.000,00	?
Fremdkapital	?	1.400.000,00	?	1.150.000,00
Gesamtkapital	1.200.000,00	?	?	1.600.000,00

Aufgabe 5-7 Rechnungswesen

Erstelle aus diesen Vorgaben nach den bekannten Vorschriften eine Bilanz.

20 Nähmaschinen je 30.000,00 EUR, Pkw weiß: 20.000,00 EUR, Pkw rot: 10.000,00 EUR, Lkw 7,5 t: 40.000,00 EUR, Bebaute Grundstücke: 10.000.000,00 EUR, Bankguthaben: 400.000,00 EUR, Kassenbestand: 30.000,00 EUR, Bankdarlehen: 5.000.000,00 EUR, Forderungen gegenüber Kunden: 2.000.000,00 EUR, Verbindlichkeiten gegenüber Lieferanten: 4.000.000,00 EUR, PC-Anlage: 100.000,00 EUR.

Aufgabe 5-8 Rechnungswesen

Dir liegen über die Firma Zwinger aus Amberg, die Käfige für Kleintiere herstellt, folgende Daten vor:

Bebaute Grundstücke: 216.000,00 EUR, Darlehen für 18 Monate: 100.000,00 EUR, Verbindlichkeiten: 80.000,00 EUR, Maschinen: 80.000,00 EUR, Fuhrpark: 20.000,00 EUR, Vorräte: 1.000,00 EUR, Forderungen: 10.000,00 EUR, Bankguthaben: 8.000,00 EUR, Kasse: 5.000,00 EUR.

1. Erstelle eine ordnungsgemäße Bilanz.
2. Wie hoch ist das Eigenkapital?

Aufgabe 5-9 Rechnungswesen

Entscheide, ob folgende Behauptungen richtig bzw. falsch sind und berichtige gegebenenfalls die entsprechende Aussage.

a) Die Aktivseite enthält die Verwendung der Schulden.

b) Die Passivseite listet das Eigen- und Fremdkapital auf.

c) Die Aktivseite zeigt die Finanzierung des Unternehmens an.

d) Die Aktivseite gliedert sich in Anlage- und Umlaufvermögen.

e) Anlagevermögen und Umlaufvermögen zusammen ergeben das Kapital.

f) Die Passivseite gibt die Vermögensquellen an.

g) Mittelverwendung und Mittelherkunft sind der Höhe nach unterschiedlich.

h) Die Passivseite führt die Mittelherkunft auf.

i) Maschinen zählen zum Umlaufvermögen eines Unternehmens.

j) Am Ende des Geschäftsjahres sind Bilanz und Inventar zu erstellen.

Aufgabe 5-10 Rechnungswesen

Stelle aus nachfolgenden Inventurbeständen ein Inventar und die Bilanz auf.

Bankguthaben	
• bei der Süddeutschen Bank	20.000,00 EUR
• bei der Kreissparkasse	23.000,00 EUR
Lieferschulden	
• gegenüber Lieferer Rot	60.000,00 EUR
• gegenüber Lieferer Blau	40.500,00 EUR
Büroausstattung laut Verzeichnis	21.000,00 EUR
Fahrzeuge	
• ein Pkw	30.000,00 EUR
• zwei Lieferwagen	55.000,00 EUR
Maschinen	54.000,00 EUR
Kurzfristige Schulden	
• bei der Süddeutschen Bank	8.000,00 EUR
• bei der Kreissparkasse	15.000,00 EUR
Vorräte laut Verzeichnis	52.000,00 EUR
Bargeldbestand	7.000,00 EUR
Unbebautes Grundstück, Erlanger Weg	210.000,00 EUR
Bebautes Grundstück, Erlanger Weg	290.000,00 EUR
Büromaschinen	9.500,00 EUR

Aufgabe 5-11 Rechnungswesen

In den folgenden Text hat sich der Fehlerteufel eingeschlichen. Schreibe den Text in dein Heft ab und berichtige dabei die falschen Aussagen.

Auf der Passivseite wird die Form des Vermögens dargestellt. Die Bilanz ist mit dem Inventar verwandt. Kaufleute sind freiwillig darum bemüht, eine Bilanz aufzustellen. Die **Gleichung AKTIV = PASSIV** *kann auch wie folgt dargestellt werden:* **Anlagevermögen + Umlaufvermögen = Eigenkapital.** *Bilanz und Inventar unterscheiden sich nur in der Form der Darstellung. Dabei kennzeichnet die Bilanz ihre* **Staffelform,** *in der Anlagevermögen und Umlaufvermögen gegenübergestellt werden.*

5.5 Martin führt die Bücher für ADA

5.5.1 Der Geschäftsfall

Fallbeispiel

Nachdem Martin seinem Onkel Uwe hilfreiche Tipps geben konnte, widmet er sich nun wieder voll und ganz seinem Ausbildungsbetrieb, der Firma **ADA**. *Dort laufen täglich viele Vorgänge ab, die Einfluss auf die Bilanz haben. Der Auszubildende Martin weiß noch vom Berufsschulunterricht, dass jedes Unternehmen aufgrund des § 238 HGB verpflichtet ist, diese Vorgänge ordnungsgemäß zu erfassen.*

Eines Morgens wird Martin von seinem Chef beauftragt, von der Bank Wechselgeld in Höhe von 5.000,00 EUR abzuholen. Er darf den Firmenwagen verwenden und soll vorher noch für den Chef ein Buch in einer Buchhandlung abholen.

Martin fährt um 08:00 Uhr morgens los. Da ein Verkehrsstau herrscht, kommt er erst gegen 08:45 Uhr im Buchladen an. Inzwischen hungrig geworden, kauft sich Martin noch beim Bäcker gegenüber eine Brezel. Anschließend holt er gegen 09:15 Uhr das Geld von der Bank ab und kommt kurz vor 09:45 Uhr wieder bei der Firma **ADA** *an.*

In dem geschilderten Beispiel sind verschiedene Informationen enthalten. Für unsere Buchführung ist aber nur bedeutend, welche Vorgänge Auswirkungen auf die Bilanz haben. Dabei spielt es keine Rolle, ob sich diese Vorgänge innerhalb oder außerhalb der Firma abspielen. Entscheidend ist lediglich, ob es dadurch zu Veränderungen der Bilanz kommt. Ist dies der Fall, so sprechen wir von **Geschäftsfällen.**

Aufgaben für Einzel- oder Partnerarbeit

1. Welche der im Fallbeispiel vorliegenden Informationen wirken sich auf unsere Bilanz aus?
2. Formuliere diese Geschäftsfälle kurz und bündig.

Grundwissen: Geschäftsfälle

- *Alle betrieblichen Vorgänge, die zu Veränderungen in der Bilanz führen, bezeichnen wir als **Geschäftsfälle**.*
- *Geschäftsfälle können sowohl durch Kontakt mit der Außenwelt entstehen als auch innerbetriebliche Vorgänge sein.*
- *Geschäftsfälle werden in Kurzform formuliert und sollten nur notwendige Informationen enthalten. Auf Unwesentliches wird verzichtet.*

Betriebliche Vorgänge (Geschäftsfälle)	Formulierung in Kurzform
1. Als Eigentümer unserer Firma gehen wir zur Bank und heben dort 10.000,00 EUR Bargeld ab. Unser Bankkonto wird daher belastet.	Barabhebung von der Bank 10.000,00 EUR
2. Um eine Rechnung pünktlich begleichen zu können, nehmen wir ein Darlehen von 60.000,00 EUR auf.	Umwandlung einer Liefererschuld in eine Darlehensschuld 60.000,00 EUR
3. Wir kaufen einen Lieferwagen für 50.000,00 EUR. Da wir nicht sofort bezahlen, räumt uns der Lieferer ein Zahlungsziel von drei Monaten ein.	Kauf eines Lieferwagens auf Ziel (Verbindlichkeit gegenüber dem Lieferer) für 50.000,00 EUR
4. Wir zahlen ein Darlehen in Höhe von 100.000,00 EUR, das wir wegen der Anschaffung eines Grundstückes aufgenommen haben, mittels Banküberweisung zurück.	Tilgung unseres Darlehens über 100.000,00 EUR durch Banküberweisung

Aufgabe 5-12 Rechnungswesen

Formuliere folgende Geschäftsfälle in Kurzform:

a) Da wir eine Immobilie im Wert von 600.000,00 EUR erwerben wollen, gehen wir zur Bank und nehmen ein Darlehen über 600.000,00 EUR auf. Dadurch haben wir zwar Schulden bei der Bank, können aber nun die gewünschte Immobilie kaufen.

b) Wir müssen die noch ausstehende Rechnung unseres Stofflieferanten STOFFLOB über 100.000,00 EUR begleichen. Deshalb überweisen wir den Rechnungsbetrag ohne Abzug von unserem Geschäftsbankkonto.

c) Unser Lieferant KLEIDFEIN schickt uns 1 000 Ballen Stoff zu. Wir haben die Ware noch nicht bezahlt. Beiliegend finden wir die Rechnung als Zahlungsaufforderung 40.000,00 EUR.

d) Wir haben hohe Einnahmen aus dem Verkauf von Turnschuhen. Daher bringen wir das Geld zur Bank und zahlen 100.000,00 EUR auf unser Bankkonto ein.

Aufgabe 5-13 Rechnungswesen

Formuliere die drei folgenden Geschäftsvorgänge kurz und bündig:

a) Wir kaufen einen unbebauten Lagerplatz in der Nähe des Firmengeländes und bezahlen mittels Banküberweisung, Betrag 35.000,00 EUR.

b) Wir zahlen einen Teil unseres Darlehen durch Banküberweisung zurück und zwar 25.000,00 EUR.

c) Unser Kunde überweist endlich seine offene Rechnung über 13.900,00 EUR.

5.5.2 Grundsätze ordnungsgemäßer Buchführung

Alle Geschäftsleute müssen sich schon vor der Gründung ihres Betriebes im Klaren sein, dass sie es besonders häufig mit dem Finanzamt zu tun haben. Das Finanzamt, ein staatliches Organ, berechnet aufgrund der abzugebenden Steuererklärungen die Höhe der jeweils zu zahlenden Steuern. Dies setzt eine sorgfältige, lückenlose und ordnungsgemäße Aufzeichnung aller Einnahmen und Ausgaben voraus. Auf diese Weise besteht Beweiskraft gegenüber dem Finanzamt sowie dem Gericht.

Der Wirtschaftsdoc

Ordnungsgemäße Buchführung

Eine Buchführung gilt als ordnungsgemäß, wenn sich ein neutraler Sachverständiger (z. B. Finanzbeamter) in einem angemessenen Zeitraum ohne fremde Hilfe einen genauen Überblick über die finanzielle Lage eines Unternehmens verschaffen kann.

Bei unrichtigen Angaben oder gar Betrug schlägt die Justiz mit empfindlichen Strafen zu. Selbst Freiheitsentzug ist möglich. Bestimmungen über die Grundsätze ordnungsmäßiger Buchführung ergeben sich hauptsächlich aus dem Handelsgesetzbuch (§ 238 [f] HGB), der Abgabenordnung (AO), dem Aktiengesetz (AktG) und den Einkommensteuerrichtlinien (EStR).

Wichtige Grundsätze ordnungsgemäßer Buchführung

- Sämtliche Geschäftsfälle müssen in ihrer Entstehung und Abwicklung **nachvollziehbar** sein (fortlaufende, richtige und vollständige Aufzeichnungen).
- Die Buchführung muss **wahr, klar und übersichtlich** sein.
- Für alle Buchungen besteht **Belegzwang** (Beweiskraft, geordnete Aufbewahrung).
- Die Eintragungen in die Handelsbücher müssen **dokumentenecht** sein (nicht mit Bleistift).
- Die ursprünglichen Aufzeichnungen dürfen **nicht verändert** werden (kein Überschreiben oder Radieren).
- Die Aufzeichnungen über Kasseneinnahmen und Kassenausgaben müssen **täglich** erfolgen.
- Es besteht eine **zehnjährige Aufbewahrungspflicht** für Handelsbücher, Inventar, Bilanzen und Belege.

5.5.3 Die Bedeutung der Belege

Fallbeispiel

Da könnte ja jeder kommen – da stimmt einiges nicht

Willi, ein schlitzohriger Berufsschüler, erzählt in der Pause, wie man bequem zu Geld kommen könnte. Er hätte beobachtet, dass sein Chef anstandslos Bargeld an Mitarbeiter auszahle, wenn diese im Auftrag der Firma einkaufen würden.

Willi berichtet am Folgetag seinem Chef, dass er für das Büro folgende Ausgaben getätigt habe: 10 Folienstifte zu je 1,50 EUR, 10 Faserschreiber zu je 0,75 EUR, 2 Radiergummis zu je 2,80 EUR, 100 Klarsichthüllen zu 3,40 EUR und 2 Päckchen Papier zu je 4,50 EUR. Insgesamt hätte er für die Firma 40,50 EUR ausgelegt.

Willis Chef entgegnet: „Bevor wir weiterreden, zeige mir die Belege." Willi stottert und sucht nach Ausreden. Der Chef reagiert eiskalt: „Da könnte ja jeder kommen. – Nimm dich in Acht. Ohne Belege kein Geld! Sind deine Angaben unwahr, hast du die Probezeit nicht bestanden."

Aufgaben für Einzel- oder Partnerarbeit

1. Warum wird der Firmenchef den Geldbetrag nicht an Willi ausbezahlen?
2. Was müsste ein Mitarbeiter dem Firmenchef vorlegen, damit er die Ausgaben, die er für das Unternehmen getätigt hat, erstattet bekommt?
3. a) Äußere dich zur Drohung von Willis Firmenchef: „Da könnte ja jeder kommen. – Nimm dich in Acht. Ohne Belege kein Geld! Sind deine Angaben unwahr, hast du die Probezeit nicht bestanden."
   b) Wie würdest du anstelle des Firmenchefs reagieren? Begründe deine Meinung.

Quittung

EUR: 119,00
inkl. % MwSt./EUR: 19,00
EUR in Worten: einhundertneunzehn
von: Schreibwarengeschäft Anders
für: für Schreibwaren
Herrn Willi Ball
Ort/Datum: Scheinfeld, 20.. – 02 – 02
Stempel/Unterschrift des Empfängers: Heiko Anders

Belege dienen als Beweis.

Ohne schriftliche Aufzeichnung der Geschäftsfälle würde es in jedem Unternehmen wohl drunter und drüber gehen. Wer könnte sich die Vielzahl der betrieblichen Vorgänge merken und sie auch später noch richtig formulieren? Wer könnte beweisen, dass Einnahmen und Ausgaben korrekt und vollständig abgewickelt wurden?

Alle Schriftstücke, die diese Vorgänge in einer Firma festhalten, werden Belege genannt. Mit einem Beleg lassen sich mehrere Aufgaben gleichzeitig erfüllen. Der Unternehmer bzw. dessen Rechnungswesenabteilung kann auch nach längerer Zeit noch genau nachvollziehen, welche Geschäftsfälle vorkamen. Ebenso ist mit einem Beleg jeder betriebliche Vorgang **Dritten gegenüber nachweisbar**. Das ist vor allem wichtig, wenn ein Betriebsprüfer des Finanzamts die Buchführung überprüfen will.

Eigenbelege	Belege	Fremdbelege
• Kopien von Schriftstücken, die aus dem Betrieb herausgehen, z. B. Ausgangsrechnungen, Briefe an Geschäftspartner • innerbetriebliche Schriftstücke, z. B. Lohn- und Gehaltslisten, Quittungen		• Originale von Schriftstücken, die im Betrieb eingegangen sind, z. B. Eingangsrechnungen, Briefe von Geschäftspartnern, Kontoauszüge

Ersatz- oder Notbelege sind zu erstellen, wenn für den Geschäftsfall (z. B. bei Verlust eines Originals) kein Beleg vorliegt.
Die **Aufbewahrungspflicht** für Belege beträgt 10 Jahre.

Selbst bei sorgfältigem Vorgehen können im Einzelfall Belege verloren gehen. Ausnahmsweise ist es dann möglich, statt der natürlichen Belege **künstliche Belege** selbst zu erstellen. Wir sprechen dann von **Ersatz- oder Notbelegen**.

Der Wirtschaftsdoc

Ohne Beleg geht nichts

- Nur wenn ein ordnungsgemäßer Beleg vorhanden ist, darf die Buchhaltung den Geschäftsfall bearbeiten. Ein wichtiger Grundsatz der Buchführung heißt daher:
- **Keine Buchung ohne Beleg!**
  Ein Beleg verbindet immer den einzelnen Geschäftsfall mit der nachfolgenden Buchung.

5.5.4 Arbeiten mit Belegen

In der Buchhaltungsabteilung von ADA-Sportartikel geht der folgende Beleg ein:

Vorgang/Buchungsinformation KARTENVERFÜGUNG Karte 3/..-02-18 – EC-Karte mit PIN 91443 Scheinfeld	Bu.-Tag 20..-02-25	Wert 0103	BN-Nr. 9966	Umsatz EUR - 1.000,00
ADA-Sportartikel Industriestraße 1 91443 Scheinfeld	Kto.-Nr. 123 456 Neuer Saldo Auszug vom 20..-02-27	Alter Saldo Ausz.-Nr. 32	Schuld Schuld Blatt 1	G u t h a b e n alt 28.345,00 G u t h a b e n neu 27.345,00
Sparbank Scheinfeld	Kontokorrentkredit in EUR: 10.000,00			

Aufgabe für Einzelarbeit

Welcher Geschäftsfall liegt diesem Beleg zugrunde?

Der Wirtschaftsdoc

Belege immer richtig lesen

Um einen Beleg auszuwerten, muss er richtig gelesen werden. Dazu bietet sich folgendes Schema an:

- Um welche Art von Beleg handelt es sich?
  Lösung: Kontoauszug
- Wer hat den Beleg erstellt?
  Lösung: Sparbank
- Wer hat den Beleg erhalten?
  Lösung: Firma ADA
- Welcher Vorgang hat zu dem Beleg geführt?
  Lösung: Geldabhebung

Nach diesem Schema solltest du alle Belege untersuchen, die du künftig zur Bearbeitung vorgelegt bekommst. Auf unser Beispiel bezogen, bedeutet dies: Die Sparbank Scheinfeld erstellt einen Kontoauszug für das Geschäftskonto von ADA. Daraus geht hervor, dass **vom Bankkonto ein Betrag in Höhe von 1.000,00 EUR abgehoben wurde**.

Welche Handlung verbirgt sich hinter diesem Geschäftsfall? Erinnern wir uns: Herr Dall hat am Geldautomaten seiner Hausbank 1.000,00 € abgehoben, um die Geschäftskasse für mögliche Barzahlungen aufzustocken. Als kurz formulierter Geschäftsfall ergibt sich also:

Barabhebung vom Bankkonto, 1.000,00 EUR.

Aufgabe 5-14 Rechnungswesen

Der Buchführung im Betrieb ADA-Sportartikel liegt die Kopie des folgenden Belegs vor:

ADA-Sportartikel
Industriestraße 1
91443 Scheinfeld

ADA-Sportartikel . Industriestr. 1 . 91443 Scheinfeld

SPORT WANNINGER
An der Naabgasse 33
92421 Schwandorf

USt-IdNr. DE 123 456 789
St-Nr. DE 251/100/12345

Rechnung Nr. 21/1423
Ihr Auftrag Nr./Datum
25 375/20..-03-12

Liefertag
20..-03-24

Scheinfeld
20..-03-26

Position	Menge	Artikel	Einzelpreis	Gesamtpreis
30	20	Fußball „World"	80,00 EUR	1.600,00 EUR
		abzüglich 14 % Rabatt		224,00 EUR
		zuzüglich Verpackung und Porto		25,00 EUR
		Netto		1.401,00 EUR
		zuzüglich 19 % USt		266,19 EUR
		Rechnungsbetrag		**1.667,19 EUR**

Zahlung binnen 30 Tagen ohne Abzug oder binnen 8 Tagen mit 2 % Skonto.
Die gelieferte Ware bleibt bis zur vollständigen Bezahlung unser Eigentum.

Bankverbindung: SPARBANK SCHEINFELD, BLZ: 762 500 00, Konto-Nr. 123 456

---

1. Handelt es sich um einen Eigen- oder Fremdbeleg?
2. Welche Art von Rechnung liegt hier vor?

Aufgabe 5-15 Rechnungswesen

Schau dir den an die Firma **ADA-Sportartikel** gerichteten Kontoauszug der SPARBANK SCHEINFELD vom 10. April 20.. genauer an.

Sparbank Scheinfeld **Niederlassung Scheinfeld** **BLZ 762 500 00**		Kontonummer 123 456 Girokonto	Auszug/Jahr 34/20..	Blatt Nr. 1 von 1
ADA-Sportartikel		Kontoauszug		EUR-Konto
Alter Kontostand				16.450,00 EUR H
Buchungstag	Wert	Vorgang		
07.04.20..	07.04.20..	Sport Wanniger Rechnung Nr. 21/1423		1.667,19 EUR H
08.04.20..	08.04.20..	Barauszahlung		800,00 EUR S
		Neuer Kontostand		17.317,19 EUR H

1. Beantworte folgende Fragen:
   a) Handelt es sich um einen Eigen- oder Fremdbeleg?
   b) Welche Art von Beleg liegt hier vor?
   c) Wie lange muss der Beleg aufbewahrt werden?
   d) Wie wird die Aufbewahrung von Belegen bei großen Firmen meist geregelt?

2. Formuliere die zugrunde liegenden Geschäftsfälle:
   a) für den Betrag über 1.667,19 EUR,
   b) für den Betrag über 800,00 EUR.

Aufgabe 5-16 Rechnungswesen

Folgender Beleg wurde vom Firmeninhaber ADA-Sportartikel, Herrn Armin Dall, unterschrieben.

Quittung

EUR: 714,00
inkl. 19 % MwSt./EUR: 114,00
EUR in Worten: siebenhundertvierzehn
von: Fa. Leder Schmidt
für: Rechnung Nr. 13
Ort/Datum: Schönfeld, 20. - 05 - 22
Stempel/Unterschrift des Empfängers: A. Dall

1. Handelt es sich um einen Eigen- oder Fremdbeleg?
2. Nenne den Geschäftsfall (Text, Betrag).

5.5.5 Veränderungen der Bilanz durch Geschäftsfälle

In Abschnitt 5.6.1 „Der Geschäftsfall" wurden zahlreiche betriebliche Vorgänge in der Firma ADA-Sportartikel ausführlich dargestellt. Auf den Seiten 92 bis 94 hast du bereits gelernt und eingeübt, solche betrieblichen Vorgänge in Kurzform als Geschäftsfälle zusammenzufassen. Betrachten wir einige dieser Geschäftsfälle nochmals genauer!

1. Geschäftsfall

Die Firma ADA-Sportartikel erhält von der Sparbank Neustadt einen Kontoauszug mit dem Geschäftsfall:

Barabhebung vom Bankkonto, 1.000,00 EUR.

Dieser Geschäftsfall hat Auswirkungen auf zwei verschiedene Bilanzposten:

- Unser **Kassen**bestand nimmt um 1.000,00 EUR zu.
- **Kasse** (KA) ist ein **Aktiv**posten.

- Unser **Bank**konto nimmt um 1.000,00 EUR ab.
- **Bank** (BK) ist ein **Aktiv**posten.

Zwischen zwei Aktivposten findet eine Verschiebung statt. Die Bilanzsumme der Fa. ADA ändert sich dadurch nicht.

Kasse + 1.000,00 EUR
Bank − 1.000,00 EUR

Wir bezeichnen diesen Vorgang als reinen **Aktiv-Tausch**.

2. Geschäftsfall

Die Firma ADA erhält von der SPARBANK SCHEINFELD eine Mitteilung, die hier auszugsweise abgedruckt wird.

Scheinfeld, 20..-03-25

Sehr geehrter Herr Dall,

das von Ihnen beantragte Darlehen über **35.000,00 EUR** wird bewilligt. Wie vereinbart beträgt die Laufzeit des Darlehens **zwei Jahre** bei einem Zinssatz von 7 % pro Jahr; nach zwei Jahren ist der Kredit einschließlich der Zinsen an die Sparbank zurückzuzahlen.

Der **Darlehensbetrag** wird heute dem **Geschäftskonto** der Fa. ADA **gutgeschrieben**; eine Kopie liegt bei. Alle weiteren Bedingungen entnehmen Sie bitte dem Vertrag.

Mit freundlichen Grüßen

Es handelt sich um folgenden Geschäftsfall:

Gutschrift eines Bankdarlehens über 35.000,00 EUR auf dem Bankkonto.

Da die Bank den Kredit für zwei Jahre gewährt, handelt es sich um „langfristige Bankverbindlichkeiten", Abkürzung LBKV. Dieser Geschäftsfall hat Auswirkungen auf zwei verschiedene Bilanzposten:

- Unser **Bank**konto (BK) nimmt um 35.000,00 EUR zu.
- **Bank** (BK) ist ein **Aktiv**posten.

- Unsere **Darlehensschulden** (LBKV) nehmen um 35.000,00 EUR zu.
- Langfristige Bankverbindlichkeiten (LBKV) ist ein **Passiv**posten.

Ein Aktivposten und ein Passivposten nehmen um 35.000,00 EUR zu.
Die Bilanzsumme der Fa. ADA **erhöht sich** dadurch ebenfalls um 35.000,00 EUR.

Bilanz

| **Bank** | | | **langfristige Bankverbindlichkeiten** |
| BK | + 35.000,00 EUR | | LBKV + 35.000,00 EUR |

Aktiva + 35.000,00 EUR = **Passiva** + 35.000,00 EUR

Wir bezeichnen diesen Vorgang als **Aktiv-Passiv-Mehrung**.

3. Geschäftsfall

Der Fa. ADA liegt folgende Überweisungsdurchschrift vor:

Überweisungsauftrag an 762 500 00	**Sparbank Scheinfeld**	
Empfänger	Lederfabrik Ochs, Bodendorf	
Konto-Nr. des Empfängers 567	Bankleitzahl	762 500 00
bei (Kreditinstitut) Sparbank Scheinfeld		
	EUR	2.380,00
Kunden-Referenznummer/Verwendungszweck Bezug von Rohleder-Rechnung Nr. 532 vom 20..-02-12		
Kontoinhaber Fa. ADA-Sportartikel, Scheinfeld		
Kontonummer des Kontoinhabers 123 456		
20..-02-12 Datum	Unterschrift	

Es handelt sich um folgenden Geschäftsfall:

Banküberweisung an unseren Rohstofflieferer, 2.380,00 EUR.

Dieser Geschäftsfall hat Auswirkungen auf zwei verschiedene Bilanzposten:

- Unsere **Verbindlichkeiten** (VE) an den Lieferer nehmen um 2.380,00 EUR ab.
- **Verbindlichkeiten aus Lieferungen und Leistungen** (VE) ist ein **Passiv**posten.

- Unser **Bank**konto (BK) nimmt um 2.380,00 EUR ab.
- **Bank** (BK) ist ein **Aktiv**posten.

Ein Aktivposten und ein Passivposten nehmen um 2.380,00 EUR ab.
Die Bilanzsumme der Fa. ADA **vermindert sich** dadurch ebenfalls um 2.380,00 EUR.

Bilanz

| **Bank** (BK) | − 2.380,00 EUR | | **Verbindlichkeiten an Lieferer** (VE) | − 2.380,00 EUR |
| **Aktiva** | − 2.380,00 EUR | = | **Passiva** | − 2.380,00 EUR |

Wir bezeichnen diesen Vorgang als **Aktiv-Passiv-Minderung**.

4. Geschäftsfall

Der Firma ADA-Sportartikel liegt folgendes Schreiben der Sparbank Scheinfeld vor:

Sparbank Scheinfeld
Ihr kompetenter Partner in Vermögensfragen

Scheinfeld 20..-05-22

Sehr geehrter Herr Dall,

vereinbarungsgemäß haben wir die Schuld an Ihren Lieferanten, die Lederfabrik Ochs, in Höhe von **24.990,00 EUR** übernommen.

Über den Betrag von 24.990,00 EUR hat Ihnen unsere Bank ein Darlehen eingeräumt; die Laufzeit beträgt 18 Monate bei einem Zinssatz von 8 % pro Jahr.

Mit freundlichen Grüßen

M. Popp

M. Popp, Sachbearbeiter Kreditabteilung

Es handelt sich um folgenden Geschäftsfall:

Umwandlung einer Liefererschuld (VE) über 24.990,00 EUR in langfristige Bankverbindlichkeiten (LBKV).

Dieser Geschäftsfall hat Auswirkungen auf zwei verschiedene Bilanzposten:

- Unsere **Verbindlichkeiten an Lieferer** (VE) nehmen um 24.990,00 EUR ab.
- Verbindlichkeiten aus **Lieferungen und Leistungen** (VE) ist ein **Passiv**posten.

- Unsere **Darlehensschulden** (LBKV) nehmen um 24.990,00 EUR zu.
- Langfristige Bankverbindlichkeiten (LBKV) ist ein **Passiv**posten.

Zwischen zwei Passivposten findet eine Verschiebung von 24.990,00 EUR statt. Die Bilanzsumme der Firma ADA bleibt davon unberührt.

Bilanz

Verbindlichkeiten aus Lieferungen
und Leistungen (VE)   – 24.990,00 EUR
Langfristige Darlehensschuld (LBKV)   + 24.990,00 EUR

Aktiva = Passiva
Dieser Vorgang ist ein reiner **Passiv-Tausch**.

Bilanzveränderungen

Ein Geschäftsfall verändert mindestens zwei Bilanzposten. Dabei können folgende Fälle auftreten:

- ***AKTIV-TAUSCH:** Ein Aktivposten wird mehr, einer weniger.*
- ***PASSIV-TAUSCH:** Ein Passivposten wird mehr, einer weniger.*
- ***AKTIV-PASSIV-MEHRUNG:** Vermehrung eines Aktiv- und eines Passivpostens.*
- ***AKTIV-PASSIV-MINDERUNG:** Verminderung eines Aktiv- und eines Passivpostens.*

*Es gilt der Grundsatz: **Summe der AKTIVA = Summe der PASSIVA**.*

Beispiel

Beate besucht den Wirtschaftsdoc, um noch einige Tipps für das Lösen von Rechnungswesen-Aufgaben zu bekommen. Sie erzählt ihm, was im Unterricht durchgenommen wurde und nennt den Geschäftsfall: **„Wir überweisen an den Lieferer die noch offenstehende Rechnung über 8.500,00 EUR."** *Der Wirtschaftsdoc empfiehlt Beate, sich immer die folgenden vier Fragen zu stellen:*

Der Schlüssel zum Erfolg: Erleichterungen für jedermann beim Buchen

Stelle dir folgende Fragen:	aufgezeigt an unserem Beispiel	
1. Welche Posten der Bilanz sind betroffen?	Verbindlichkeiten	Bank
2. Handelt es sich um Aktiv- oder/und um Passivposten?	Passiv	Aktiv
3. Handelt es sich um eine Mehrung oder Minderung der Bilanzposten?	Minderung	Minderung
4. Welche Bilanzveränderung liegt vor?	Aktiv-Passiv-Minderung	

 Aufgaben Rechnungswesen

Aufgabe 5-17 Rechnungswesen

Prüfe folgende Geschäftsfälle bezüglich ihrer Auswirkungen auf die Bilanz. Stelle dir dabei jeweils vier Fragen:

1. **Welche Posten der Bilanz sind betroffen?**
2. **Handelt es sich um Aktiv- oder Passivposten?**
3. **Liegt eine Mehrung oder Minderung der Bilanzposten vor?**
4. **Um welche Bilanzveränderung handelt es sich?**

   a) *Wir begleichen eine Liefererrechnung durch Banküberweisung.*

   b) *Unser Kunde begleicht seine Zahlungsverpflichtung bar.*

   c) *Eine kurzfristige Liefererschuld wird in eine langfristige Darlehensschuld umgewandelt.*

   d) *Unser Kunde begleicht eine Rechnung durch Banküberweisung.*

   e) *Wir nehmen eine Teilrückzahlung unserer langfristigen Darlehensschuld mittels Bankscheck vor.*

   f) *Wir leisten eine Bareinzahlung auf unser Bankkonto.*

   g) *Es erfolgt eine Banküberweisung an unseren Lieferer.*

Aufgabe 5-18 Rechnungswesen

1. Erstelle zunächst aus den nachfolgenden Werten eine Bilanz:

   Kasse: 9.000,00 EUR, Bank: 24.500,00 EUR, Langfristige Bankverbindlichkeiten: 10.000,00 EUR, Fuhrpark: 20.000,00 EUR, Verbindlichkeiten an den Lieferer: 12.000,00 EUR, Büromaschinen: 30.000,00 EUR, Forderungen: 15.000,00 EUR.

2. Stelle nach jedem nachfolgenden Geschäftsfall eine neue Bilanz auf:

   a) Zielkauf einer Fertigungsmaschine, 5.000,00 EUR,

   b) Barabhebung vom Bankkonto, 500,00 EUR,

   c) Tilgung einer Lieferverbindlichkeit durch Banküberweisung, 2.000,00 EUR,

   d) Umwandlung der Lieferschuld in Langfristige Bankverbindlichkeiten, 3.570,00 EUR.

5.5.6 Die Auflösung der Bilanz in Konten

Wie du bereits erkannt hast, löst jeder Geschäftsfall eine Veränderung der Bilanz aus. Dem Auszubildenden Martin liegt folgende Bilanz der Fa. ADA-Sportartikel vor:

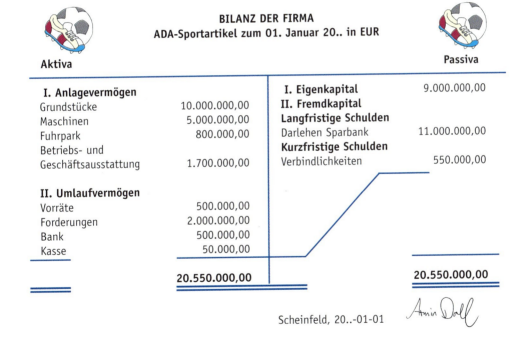

Es ereignet sich der folgende Geschäftsfall:

> **Martin hebt vom Geschäftsbankkonto 10.000,00 EUR ab.**

Dieser Geschäftsfall führt zu einer Veränderung der Bilanz.

BILANZ DER FIRMA ADA
nach dem Geschäftsfall

Aktiva		Passiva	
I. Anlagevermögen		I. **Eigenkapital**	9.000.000,00
Grundstücke	10.000.000,00	**II. Fremdkapital**	
Maschinen	5.000.000,00	Langfristige Schulden	
Fuhrpark	800.000,00	Darlehen Sparbank	11.000.000,00
Betriebs- und		Kurzfristige Schulden	
Geschäftsausstattung	1.700.000,00	Verbindlichkeiten	550.000,00
II. Umlaufvermögen			
Vorräte	500.000,00		
Forderungen	2.000.000,00		
Bank	490.000,00		
Kasse	60.000,00		
	20.550.000,00		**20.550.000,00**

Scheinfeld, 20..-01-01

Wie die zweite Bilanz des Firmeninhabers Armin Dall zeigt, haben sich die beiden Aktiv-Bilanzposten Bank und Kasse verändert.

Von der Bilanz zu den einzelnen T-Konten

Sicherlich empfindest du es als lästig, bei jedem zu buchenden Geschäftsfall eine neue Bilanz aufzustellen. Vielleicht ist dir schon aufgefallen, dass bei allen bisherigen Geschäftsfällen nur zwei Bilanzposten betroffen waren. Du kannst dir künftig viel Arbeit ersparen, wenn du die Veränderungen nur bei den davon betroffenen Bilanzposten durchführst. Erst nachdem du sämtliche Geschäftsfälle gebucht hast, ist es sinnvoll, eine neue Bilanz, die sogenannte Schlussbilanz, zu erstellen.
Zu diesem Zweck wird die Bilanz in einzelne T-Konten aufgelöst. Jeder Bilanzposten erhält ein eigenes Konto. Dort werden die Veränderungen erfasst.

Die umseitige Bilanz mit der Auflösung der einzelnen Bilanzposten in T-Konten zeigt dir Schritt für Schritt, wie du vorgehen musst. Die Werte der Bilanzposten werden als **Anfangsbestände (AB)** gebucht. Dabei stehen alle Anfangsbestände in den **aktiven Bestandskonten** auf der linken Kontoseite, die man als **Soll** bezeichnet. Die Anfangsbestände in den **passiven Bestandskonten** erscheinen auf der rechten Kontoseite im **Haben**.

Eröffnungsbilanz der Firma ADA zum 01. Januar 20.. in EUR

Aktiva		Passiva	
I. Anlagevermögen		**I. Eigenkapital**	9.000.000,00
Grundstücke	10.000.000,00	**II. Fremdkapital**	
Maschinen	5.000.000,00	**Langfristige Schulden**	
Fuhrpark	800.000,00	Darlehen Sparbank	11.000.000,00
Betriebs- und Geschäftsausstattung	1.700.000,00	**Kurzfristige Schulden** Verbindlichkeiten	550.000,00
II. Umlaufvermögen			
Vorräte	500.000,00		
Forderungen	2.000.000,00		
Bank	500.000,00		
Kasse	50.000,00		
	20.550.000,00		**20.550.000,00**

❶ S Grundstück (UGR) H
AB 10.000.000,00

❷ S Maschinen (MA) H
AB 5.000.000,00

❸ S Fuhrpark (FP) H
AB 800.000,00

❹ S Büroausstattung (BA) H
AB 1.700.000,00

❺ S Vorräte H
AB 500.000,00

❻ S Forderungen (FO) H
AB 2.000.000,00

❼ S Bank (BK) H
AB 500.000,00

❽ S Kasse (KA) H
AB 500.000,00

❶ S Eigenkapital (EK) H
          AB 9.000.000,00

❷ S Langfristige Bankverbindlichkeiten (LBKV) H
          AB 11.000.000,00

❸ S Verbindlichkeiten aus Lieferungen und Leistungen (VE) H
          AB 550.000,00

In den **aktiven Bestandskonten** stehen die von der Bilanz übernommenen **Anfangsbestände** immer links im **Soll**.

In den **passiven Bestandskonten** stehen die von der Bilanz übernommenen **Anfangsbestände** immer rechts im **Haben**.

Aufgabe 5-19 Rechnungswesen

Erstelle eine Eröffnungsbilanz und löse sie in Konten auf.

Unbebaute Grundstücke:	160.000,00 EUR
Gebäude:	330.000,00 EUR
Maschinen:	120.000,00 EUR
Bank:	45.000,00 EUR
Kasse:	7.000,00 EUR
Forderungen:	10.000,00 EUR
Eigenkapital:	390.000,00 EUR
Langfristige Bankverbindlichkeiten:	75.000,00 EUR
Kurzfristige Bankverbindlichkeiten:	57.000,00 EUR
Verbindlichkeiten aus Lieferungen und Leistungen:	150.000,00 EUR

5.5.7 Das Buchen in Bestandskonten

Heute lernst du, alle Geschäftsfälle auf Konten zu buchen. Dabei solltest du dir folgende Fragen stellen:

1. Um welche Konten handelt es sich?
2. Um welche Kontenart handelt es sich? (Aktiv- oder Passivkonten)
3. Wie ändert der Geschäftsfall diese Bestände?

Diese Veränderungen der Bilanzposten werden im T-Konto gebucht:
- bei Aktivkonten: Mehrungen im Soll, Minderungen im Haben
- bei Passivkonten: Mehrungen im Haben, Minderungen im Soll

Kurz:

Soll	Aktivkonto	Haben		Soll	Passivkonto	Haben
Anfangsbestand Mehrung (+)		Minderung (–)		Minderung (–)		Anfangsbestand Mehrung (+)

4. Auf welchem Konto steht die Sollbuchung, wo die Habenbuchung?

Das folgende Beispiel soll dir das Verständnis für die Buchungsvorgänge erleichtern. Der Geschäftsfall lautet:

Kauf eines Lieferwagens im Wert von 35.000,00 EUR auf Ziel.

Konten:	Fuhrpark (FP) und	Verbindlichkeiten (VE)
	↓	↓
Kontenart:	Aktivkonto	Passivkonto
	↓	↓
Veränderung:	+35.000,00 EUR	+35.000,00 EUR
	↓	↓
Buchung im:	Soll	Haben

Diese Gedanken werden in Kurzform als **Buchungsanweisung** folgendermaßen geschrieben:

Soll	Haben	EUR
Fuhrpark (FP) +	Verbindlichkeiten (VE) +	35.000,00

Es erfolgt also die Buchung auf Konten in EUR (mit Angabe des Gegenkontos):

```
S      Fuhrpark (FP) in EUR       H    S    Verbindlichkeiten (VE) in EUR    H
AB         60.000,00                                          AB    90.000,00
1. VE      35.000,00                                          1. FP 35.000,00
```

Der Wirtschaftsdoc

Buchen in Konten

- Jeder Geschäftsfall wird auf zwei Konten erfasst: **zuerst im Soll und danach im Haben.**
- Alle Konten nehmen wertmäßig auf der Seite zu, wo der Anfangsbestand steht. Auf der gegenüberliegenden Kontoseite nimmt der Bestand ab.
- **Aktivkonten** nehmen im **Soll zu** und im **Haben ab**. **Passivkonten** nehmen im **Haben zu** und im **Soll ab**.
- Beim Buchen in den Konten wird die Nummer des Geschäftsfalls und das Gegenkonto angegeben. Dabei wird mit Abkürzungen gearbeitet.

 Aufgaben Rechnungswesen

Aufgabe 5-20 Rechnungswesen

*Armin Dalls Tochter Sabine hat in Neustadt (Aisch) ein Fitnessstudio mit Sportgeräte-Handlung neu eröffnet. Folgende Anfangsbestände liegen vor: Bebaute Grundstücke: 140.000,00 EUR, Fitnessgeräte: 20.000,00 EUR, Büro- und Geschäftsausstattung: 1.500,00 EUR, Forderungen: 18.550,00 EUR, Bank: 3.300,00 EUR, Kasse: 500,00 EUR, Verbindlichkeiten: 14.000,00 EUR, Langfristiges Bankdarlehen: 80.000,00 EUR, Fuhrpark: 20.500,00 EUR, Kurzfristiges Darlehen: 15.000,00 EUR, **Eigenkapital?***

1. Stelle eine Eröffnungsbilanz auf.
2. Eröffne die aktiven und passiven Konten.
3. Bereits in den ersten Wochen ereignen sich zahlreiche Geschäftsfälle. Stelle dabei schriftlich die notwendigen Überlegungen an und formuliere jeweils die Buchungsanweisung zu folgenden Geschäftsfällen:

   a) *Barabhebung von der Bank: 500,00 EUR.*

   b) *Banküberweisung einer Schuld an den Lieferer der Fitnessgeräte: 2.000,00 EUR.*

c) Kauf eines gebrauchten Kleintransporters von einem Privatmann für 15.000,00 EUR gegen Bankscheck.

d) Ein Kunde überweist einen noch offenen Rechnungsbetrag über 15.500,00 EUR für gekaufte Sportgeräte auf das Bankkonto des Fitnessstudios.

e) Teilrückzahlung des kurzfristigen Darlehens durch Banküberweisung: 10.000,00 EUR.

4. Übertrage die Buchungsanweisungen in die T-Konten.

Aufgabe 5-21 Rechnungswesen

Die abgedruckte vereinfachte Bilanz eines Unternehmens weist folgende Werte auf:

Aktiva	Eröffnungsbilanz zum 01. Januar 20.. in EUR			Passiva
I. Anlagevermögen		**I. Eigenkapital**		105.000,00
Maschinen	36.000,00	**II. Fremdkapital**		
Fuhrpark	44.000,00	Langfristige Bank-		
Büroausstattung	9.000,00	verbindlichkeiten		59.000,00
		Kurzfristige Bank-		
II. Umlaufvermögen		verbindlichkeiten		31.500,00
Vorräte	52.000,00	Lieferverbindlichkeiten		10.500,00
Forderungen	14.000,00			
Bank	47.000,00			
Kasse	4.000,00			
	206.000,00			**206.000,00**

1. Eröffne alle aktiven und passiven Bestandskonten.
2. Welche Bilanzposten verändern sich bei den Geschäftsfällen 3 a) bis 3 d)?
3. Übertrage alle durchgeführten Buchungsanweisungen mit Angabe der fortlaufenden Nummer, des Gegenkontos und des EURO-Wertes in die eröffneten Bestandskonten.

    a) Umwandlung einer Liefererschuld in ein zweijähriges Bankdarlehen bei der Kreissparkasse: 20.400,00 EUR

    b) Teile der Geschäftsausstattung werden bar gekauft: 900,00 EUR

    c) Ein Kunde tilgt den Rest eines Kredits bar: 2.000,00 EUR

    d) Ein Dreimonatskredit wird bei der Sparbank aufgenommen. Die Bank schreibt den Betrag von 11.500,00 EUR auf dem Konto gut.

5.5.8 Der einfache Buchungssatz

In der Praxis wird heute im Allgemeinen nicht mehr von Hand in den Konten gebucht. Diese Aufgabe übernehmen der Computer und ein gutes Finanzbuchhaltungsprogramm. Dennoch muss in der Buchhaltung jeder Geschäftsfall in möglichst kurzer Form festgehalten werden.

Du erinnerst dich sicherlich noch an den Grundsatz: **„Keine Buchung ohne Beleg!"** Wie geht die Buchhaltungsabteilung vor, wenn folgender Beleg eintrifft? Zunächst wird der Beleg überprüft und sortiert, anschließend mit dem **Buchungsstempel** versehen.

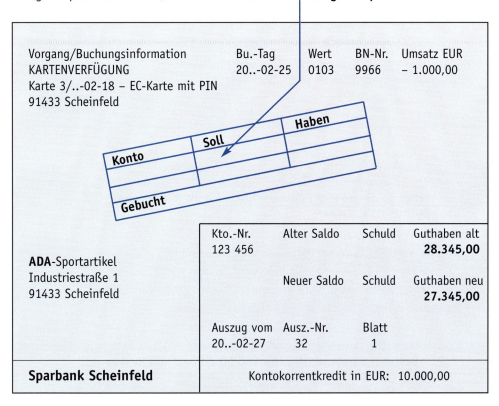

In den Buchungsstempel werden alle wichtigen Informationen für die Buchung eingetragen: **Zuerst** wird das Konto angegeben, das sich im **Soll** verändert. **Danach** erfolgt der Buchungseintrag für das Konto, das im **Haben** bewegt wird. Unter dieser Buchungsanweisung erfolgt der Buchungsvermerk. Nach Durchführung der Buchung unterschreibt die zuständige Person mit Datum und Namen.

Konto	Soll	Haben
KA	1.000,00 EUR	
BK		1.000,00 EUR
Gebucht 20..-03-01 *K. Manz*		

Auch diese Buchungsanweisung lässt sich vereinfachen, indem du sie in einem einfachen **Buchungssatz** zusammenfasst. Hierbei werden die Namen der Konten durch das Wort „an" miteinander verbunden. Das Konto, das vor dem „an" genannt wird, enthält die Soll-Buchung, das Konto danach die Haben-Buchung. Für die obige Buchungsanweisung ergibt sich somit folgender Buchungssatz:

KA   an   BK   1.000,00 EUR

Der Wirtschaftsdoc

Der einfache Buchungssatz
- Soll-Buchung an Haben-Buchung, Betrag in EUR.
- Die EUR-Beträge müssen bei der Soll- und der Haben-Buchung auf beiden Seiten gleich hoch sein.

Präge dir dieses Vier-Punkte-Schema für die Bildung von Buchungssätzen ein:
- Welche Bilanzposten verändern sich?
- Handelt es sich um Aktiv- oder Passivkonten?
- Liegt eine Mehrung oder Minderung bei dem Konto vor?
- Auf welcher Kontoseite ist daher zu buchen (Soll oder Haben)?

Beispiel: Bareinzahlung von 500,00 EUR auf das Bankkonto		
Betroffene Bilanzposten	Bankkonto	Kasse
Aktiv- oder Passivkonto?	Aktivkonto	Aktivkonto
Mehrung oder Minderung?	Mehrung + 500,00 EUR	Minderung – 500,00 EUR
Buchen im Soll oder Haben?	Buchung im Soll	Buchung im Haben

➜ **Buchungssatz:** Bank an Kasse 500,00 EUR

Aufgabe 5-22 Rechnungswesen

Bilde die Buchungssätze zu den folgenden Geschäftsfällen:

1. *Barabhebung vom Bankkonto: 1.000,00 EUR.*
2. *Aufnahme eines langfristigen Darlehens von 20.000,00 EUR, Bankgutschrift.*
3. *Banküberweisung an unseren Lieferer: 2.900,00 EUR.*
4. *Bareinzahlung auf unser Bankkonto: 1.500,00 EUR.*
5. *Ein Kunde überweist eine noch offene Rechnung über 5.950,00 EUR.*
6. *Umwandlung einer Liefererschuld über 11.900,00 EUR in eine Darlehensschuld.*
7. *Teilrückzahlung des Darlehens durch Banküberweisung: 8.000,00 EUR.*

Aufgabe 5-23 Rechnungswesen

Die vereinfachte Bilanz eines Unternehmens zeigt folgendes Bild:

Aktiva	Bilanz zum 01. Januar 20..		Passiva
Maschinen	20.000,00 EUR	Eigenkapital	95.000,00 EUR
Fuhrpark	37.000,00 EUR	Langfristige Bankverbindlichkeiten	59.000,00 EUR
Büromaschinen	6.000,00 EUR	Verbindlichkeiten	24.000,00 EUR
Vorräte	46.000,00 EUR		
Forderungen	15.000,00 EUR		
Bank	49.000,00 EUR		
Kasse	5.000,00 EUR		
	178.000,00 EUR		**178.000,00 EUR**

1. Bilde die Buchungssätze zu folgenden Geschäftsfällen:

   a) Ausgleich einer Liefererschuld durch Banküberweisung: 3.000,00 EUR.

   b) Ein Kunde überweist eine fällige Rechnung: 2.500,00 EUR.

   c) Tilgung einer Hypothek durch Abbuchung vom Bankkonto: 11.000,00 EUR.

   d) Anzahlung für den Kauf eines Grundstücks mit Scheck: 12.000,00 EUR.

   e) Barabhebung von der Bank für die Geschäftskasse: 1.000,00 EUR.

2. Eröffne alle Bestände der Bilanz auf den entsprechenden Konten.
3. Übertrage alle Buchungssätze mit Angabe des fortlaufenden Kleinbuchstabens, des Gegenkontos und des EUR-Wertes in die eröffneten Bestandskonten.

Aufgabe 5-24 Rechnungswesen

Bilde die Buchungssätze der folgenden Geschäftsfälle bei ADA-Sportartikel:

1. Kauf einer Lagerhalle auf Ziel: 25.000,00 EUR.
2. Ein Kunde zahlt eine fällige Rechnung bar: 1.700,00 EUR.
3. Kauf eines unbebauten Grundstücks mittels Bankscheck: 85.000,00 EUR.
4. Aufnahme einer Hypothek bei der Bank: 80.000,00 EUR.
5. Ausgleich einer Liefererschuld durch Barzahlung: 700,00 EUR.
6. Tilgung der Hypothek durch eine erste Ratenzahlung über 10.000,00 EUR. Die Abbuchung erfolgt vom Bankkonto.
7. Barabhebung vom Bankkonto: 100,00 EUR.
8. Ein Kleinkredit von 4.000,00 EUR (Laufzeit 6 Monate) wird bei der Bank aufgenommen. Die Bank schreibt den Betrag auf das Konto von ADA gut.

9. Ein Kunde überweist den Rechnungsbetrag über 4.500,00 EUR.
10. Der kurzfristige Kleinkredit über 4.000,00 EUR wird nach Ablauf der Gewährungsfrist durch Abbuchung vom Bankkonto zurückgezahlt.
11. Bareinzahlung auf das Bankkonto: 750,00 EUR.

Aufgabe 5-25 Rechnungswesen

Der Buchhalter von ADA-Sportartikel hat den nachfolgenden Beleg bereits überprüft und mit dem Kontierungsstempel versehen.

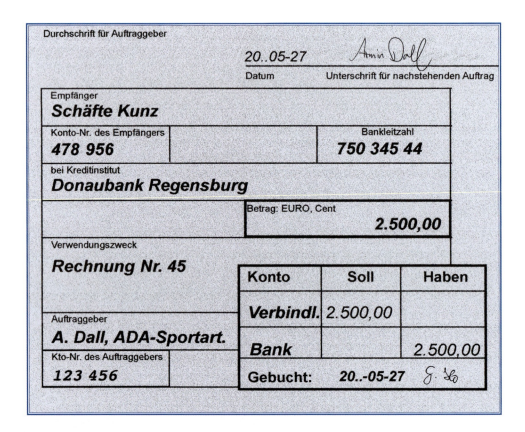

1. Um welche Art des Belegs handelt es sich?
2. Bilde den entsprechenden Buchungssatz.

5.5.9 Der zusammengesetzte Buchungssatz

Bisher haben wir mit Geschäftsfällen gearbeitet, bei denen nur jeweils zwei Konten betroffen waren. In der Praxis werden aber häufig durch einen Geschäftsfall mehr als zwei Konten verändert. In diesem Fall müssen wir einen **zusammengesetzten Buchungssatz** bilden. Gehen wir von folgendem Geschäftsfall aus:

Geschäftsfall: Die Firma **ADA** zahlt eine Schuld über 2.900,00 EUR an den Lieferer:

Barzahlung 900,00 EUR und Banküberweisung des Restbetrages von 2.000,00 EUR.

Überlegungen: Die Schulden bei unserem Lieferer nehmen ab, unser Kassenbestand und unser Bankkonto vermindern sich.

Benötigte Konten:

Verbindlichkeiten aus Lieferungen und Leistungen	Passivkonto	→ nimmt im Soll ab	− 2.900,00 EUR
Bank	Aktivkonto	→ nimmt im Haben ab	− 2.000,00 EUR
Kasse	Aktivkonto	→ nimmt im Haben ab	− 900,00 EUR

Buchungssatz:

Verbindlichkeiten (VE)	2.900,00 EUR	an	Bank (BK)	2.000,00 EUR
			Kasse (KA)	900,00 EUR

Der Wirtschaftsdoc

Der zusammengesetzte Buchungssatz

- Die Grundregeln für den einfachen Buchungssatz gelten auch beim zusammengesetzten Buchungssatz.
- Wenn Geschäftsfälle drei oder mehr Konten betreffen, muss jedem Konto eindeutig der entsprechende Betrag zugeordnet werden.
- Die Summe aller Beträge im Soll muss immer der Summe sämtlicher Beträge im Haben entsprechen (Sollseite in EUR = Habenseite in EUR).

Buchung in T-Konten:

Soll	VE in EUR	Haben	Soll	BK in EUR	Haben
1. BK/KA	2.900,00	AB	AB		1. VE 2.000,00

Soll	KA in EUR	Haben
AB		1. VE 900,00

Aufgabe 5-26 Rechnungswesen

Bilde die Buchungssätze zu den folgenden Geschäftsfällen:

1. Ein Kunde begleicht eine Rechnung über 4.760,00 EUR durch Bankscheck in Höhe von 3.500,00 EUR. Den Rest zahlt er bar.
2. Kauf eines unbebauten Lagerplatzes für 55.000,00 EUR. 7.000,00 EUR werden bar bezahlt, der Restbetrag vom Bankkonto überwiesen.
3. Die Bezahlung der Lieferschulden erfolgt mittels Bankscheck über 23.000,00 EUR und Barzahlung, 5.560,00 EUR.
4. Kauf eines unbebauten Grundstücks gegen Barzahlung von 10.000,00 EUR und Aufnahme eines langfristigen Darlehens von 25.000,00 EUR.
5. Tilgung einer Darlehensschuld durch Banküberweisung, 18.000,00 EUR, und Barzahlung, 7.000,00 EUR.

Aufgabe 5-27 Rechnungswesen

Bilde die Buchungssätze zu den folgenden Geschäftsfällen.

1. Kauf eines Verwaltungsgebäudes 340.000,00 EUR
   gegen Aufnahme einer Hypothek 200.000,00 EUR
   gegen Barzahlung 140.000,00 EUR

2. Kauf eines unbebauten Grundstücks ? EUR
   gegen Banküberweisung 160.000,00 EUR
   Rest in bar 105.000,00 EUR

3. Verkauf eines Verwaltungsgebäudes 90.000,00 EUR
   gegen Bankscheck 43.000,00 EUR
   Rest auf Ziel ? EUR

4. Ein Kunde zahlt 35.000,00 EUR
   durch Barzahlung 5.000,00 EUR
   durch Banküberweisung 30.000,00 EUR

5. Ausgleich einer Eingangsrechnung 2.800,00 EUR
   durch Barzahlung 300,00 EUR
   durch Banküberweisung 2.500,00 EUR

5.6 Berechnung und Buchung der Vorsteuer

Zur schnellen und genauen Lederbearbeitung erwirbt ADA eine neue Zuschneidemaschine. In der Buchhaltung geht zu diesem Geschäftsfall folgender Beleg ein:

Kornelius Werner & Söhne
Zuschneidemaschinen Würzburg

Bahnhofsstraße 14
97070 Würzburg

ADA–Sportartikel
Industriestraße 1
91433 Scheinfeld

Telefon: (09 31) 2 34 55 67

Frankenbank Würzburg
BLZ: 703 555 00
Konto-Nr. 99 155 742
USt-IdNr.: DE 422 623 978
10. März 20..

Rechnung   Nr.: 345/ ..

Art.-Nr.	Gegenstand	Betrag in EUR
M 34	Zuschneidemaschine ZM-T55-C	120.000,00
	+ 19 % Umsatzsteuer	+ 22.800,00
	Rechnungsbetrag	**142.800,00**

Vielen Dank für Ihren Auftrag. Zahlbar innerhalb von 30 Tagen nach Rechnungseingang. Bitte bei Zahlungen und Schriftwechsel stets die Rechnungsnummer mit angeben.

> Warenpreis des Lieferers = **Netto**preis. Dies besagt, dass die Umsatzsteuer noch nicht enthalten ist.

> Der Warenwert wird immer erhöht um die Umsatzsteuer, die an den Lieferer gezahlt werden muss. Die **beim Einkauf** zu zahlende Umsatzsteuer heißt **Vorsteuer**. Sie beträgt meist **19 %**.

> Rechnungsbetrag = **Brutto**einkaufspreis. Das bedeutet, dass wir den **Warenwert netto plus Umsatzsteuer** an den Lieferer bezahlen müssen.

> Die Fa. ADA hat ein **Zahlungsziel** von 30 Tagen. Sie kann sich mit der Bezahlung also vier Wochen Zeit lassen.

Anmerkung: Zum Netto-Warenwert berechnet Kornelius Werner & Söhne zusätzlich 19 % Umsatzsteuer. Die Firma **ADA** muss die Summe aus dem **Warenwert netto und der Umsatzsteuer** bezahlen. Dies ergibt den **Brutto-Einkaufspreis**. Die beim **Einkauf** in Rechnung gestellte **Umsatzsteuer** wird als **Vorsteuer** bezeichnet.

Nettoeinkaufspreis	120.000,00 EUR	≙ 100 %	Grundwert
+ 19 % Umsatzsteuer	22.800,00 EUR	≙ 19 %	Prozentwert
Bruttoeinkaufspreis	142.800,00 EUR	≙ 119 %	vermehrter Grundwert

Berechnung der Umsatzsteuer mit Dreisatz:

$$100\ \% \mathrel{\widehat{=}} 120.000{,}00\ \text{EUR}$$
$$19\ \% \mathrel{\widehat{=}} x\ \text{EUR}$$

$$x = \frac{120.000{,}00\ \text{EUR} * 19\ \%}{100\ \%} = 22.800{,}00\ \text{EUR}$$

Aufgaben Rechnungswesen

Aufgabe 5-28 Rechnungswesen

Die Firma ADA kauft Rohstoffe ein. Berechne zu den gegebenen **Netto-Warenwerten** die anteilige **Vorsteuer** (19 %) und den **Brutto-Rechnungspreis**.

1.	2.000,00 EUR	4.	1.500,00 EUR	7.	250,00 EUR
2.	600,00 EUR	5.	500,00 EUR	8.	8.000,00 EUR
3.	900,00 EUR	6.	10.000,00 EUR	9.	4.100,00 EUR

Der Wirtschaftsdoc

Vorsteuer – Umsatzsteuer

- Die **Umsatzsteuer**, die einem Unternehmen beim Einkauf in Rechnung gestellt wird, heißt **Vorsteuer**.
- Der **Umsatzsteuersatz** beträgt im Normalfall 19 %. Bei Lebensmitteln, Büchern und Zeitschriften gilt ein ermäßigter Steuersatz von 7 %.
- Die Vorsteuer wird vom Netto-Warenwert berechnet:

$$\text{Umsatzsteuer (in EUR)} = \frac{\text{Netto-Warenwert (in EUR)} * 19\ \%}{100\ \%}$$

- Unter dem **Bruttobetrag** verstehen wir den Betrag **einschließlich Umsatzsteuer**. Im **Nettobetrag** ist die Umsatzsteuer dagegen noch **nicht** enthalten.

Beispiel

Wie der folgende Vorfall zeigt, reicht der einfache Rechenweg vom Netto-Warenwert zum Brutto-Rechnungsbetrag nicht immer aus. Gehen wir davon aus, dass das Faxgerät der Firma ADA vorübergehend nicht richtig funktioniert. Etliche Faxe werden nur unvollständig gedruckt. Unter anderem erreicht die Firma ADA dieses lückenhafte Angebot über einen Firmen-Pkw:

Pkw, Nettopreis	▓▓▓ EUR	≙	100 %	Grundwert
+ 19 % Umsatzsteuer	▓▓▓ EUR	≙	19 %	Prozentwert
Bruttoverkaufspreis	**29.750,00 EUR**	≙	**119 %**	**vermehrter Grundwert**

Wie du siehst, sind die Angaben zum Warenwert netto (in EUR) und zur Umsatzsteuer (in EUR) nicht zu entziffern. Glücklicherweise sind die Angaben über den Bruttoverkaufspreis dagegen vollständig lesbar. Dies ist der Schlüssel, um die Lücken richtig ergänzen und den Vorgang korrekt buchen zu können.

Der Bruttopreis des Pkw ergibt sich aus der Summe von Nettopreis und Umsatzsteuer. Da der Nettopreis unserer Ausgangsgröße 100 % und die Umsatzsteuer 19 % beträgt, entspricht der Bruttopreis dem vermehrten Grundwert von 119 %.

Berechnung der Umsatzsteuer und des Nettopreises bei vermehrtem Grundwert

1. Umsatzsteuer

119 % ≙ 29.750,00 EUR
19 % ≙ x EUR

$$x = \frac{29.750,00 \text{ EUR} \cdot 19\%}{119\%} = 4.000,00 \text{ EUR}$$

2. Nettopreis

119 % ≙ 29.750,00 EUR
100 % ≙ x EUR

$$x = \frac{29.750,00 \text{ EUR} \cdot 100\%}{119\%} = 25.000,00 \text{ EUR}$$

Der Wirtschaftsdoc

Der vermehrte Grundwert

Mit einem vermehrten Grundwert müssen wir immer dann rechnen, wenn der Bruttobetrag gegeben ist:

Warenwert netto	≙	100 %	Grundwert
+ Umsatzsteuer	≙	19 %	Prozentwert
Rechnungsbetrag brutto	≙	119 %	vermehrter Grundwert

Für die **Umrechnung** eines **Bruttobetrages** in einen **Nettobetrag** solltest du dir den folgenden Ansatz gut einprägen:

$$\text{Warenwert netto in EUR} = \frac{\text{Rechnungsbetrag brutto in EUR} \cdot 100\,\%}{119\,\%}$$

 Aufgaben Rechnungswesen

Aufgabe 5-29 Rechnungswesen

Schätze ab, welcher der drei aufgeführten **Umsatzsteuerbeträge** jeweils zu dem angegebenen **Bruttobetrag** gehört.

1. *Rechnungsbetrag brutto: 595,00 EUR*
   a)   180,00 EUR   b)   8,00 EUR   c)   95,00 EUR
2. *Rechnungsbetrag brutto: 5.355,00 EUR*
   a) 1.520,00 EUR   b)   120,00 EUR   c)   855,00 EUR
3. *Rechnungsbetrag brutto: 14.280,00 EUR*
   a) 4.520,00 EUR   b) 2.280,00 EUR   c)   320,00 EUR

Aufgabe 5-30 Rechnungswesen

Schätze ab, welcher der drei aufgeführten **Netto-Beträge** jeweils zu dem angegebenen **Bruttobetrag** gehört.

1. *Rechnungsbetrag brutto: 7.735,00 EUR*
   a) 6.500,00 EUR   b) 5.000,00 EUR   c) 7.200,00 EUR
2. *Rechnungsbetrag brutto: 535,50 EUR*
   a)   320,00 EUR   b)   450,00 EUR   c)   500,00 EUR
3. *Rechnungsbetrag brutto: 21.420,00 EUR*
   a) 12.000,00 EUR   b) 15.000,00 EUR   c) 18.000,00 EUR

Aufgabe 5-31 Rechnungswesen

Berechne aus den **Bruttobeträgen** den **Netto-Warenwert** und die **Umsatzsteuer**.

1. 7.140,00 EUR   3.   178,50 EUR   5.   357,00 EUR
2. 2.975,00 EUR   4. 4.760,00 EUR   6. 14.280,00 EUR

Aufgabe 5-32 Rechnungswesen

Berechne jeweils die fehlenden Beträge:

	Rechnungsbetrag brutto	UST in %	UST in EUR	Warenwert netto
1	11.900,00 EUR	19	?	?
2	107,00 EUR	7	?	?
3	?	19	?	4.000,00 EUR
4	?	19	950,00 EUR	?
5	?	19	2.850,00 EUR	?

Die Buchung der Vorsteuer

Wie muss nun die Vorsteuer, die von der Firma ADA beim Einkauf der Zuschneidemaschine zu bezahlen ist, in der Buchhaltung behandelt werden?

Beim Kauf der Maschine wird der Fa. **ADA** Umsatzsteuer in Rechnung gestellt (= **Vorsteuer**), die sie an den Lieferer zusätzlich zum Warenwert bezahlen muss.

Das Unternehmen kann die Umsatzsteuer, die es beim **Einkauf** gezahlt hat (= **Vorsteuer**), später vom Finanzamt zurückfordern.

Die Fa. **ADA** hat daher in Höhe der gezahlten Vorsteuer eine Forderung an das Finanzamt.

Das Konto **Vorsteuer (VORST) ist ein aktives Bestandskonto.**

In der Abteilung Rechnungswesen der Fa. ADA wird folgende Überlegung angestellt:

Nettopreis Zuschneidemaschine	120.000,00 EUR	→ Aktivkonto Maschinen nimmt zu.
+ Umsatzsteuer 19 %	22.800,00 EUR	→ Aktivkonto Vorsteuer nimmt zu. (Wir haben eine Forderung an das Finanzamt von 22.800,00 EUR.)
Rechnungsbetrag brutto	142.800,00 EUR	→ Passivkonto Verbindlichkeiten nimmt zu. (Wir schulden dem Lieferer der Zuschneidemaschine den Bruttobetrag von 142.800,00 EUR.)

Aufgrund dieser Vorgaben ergibt sich bei dem Geschäftsgang „Einkauf einer Zuschneidemaschine auf Ziel" (Netto-Warenwert: 120.000,00 EUR, Vorsteuer: 22.800,00 EUR, Brutto-Warenwert: 142.800,00 EUR) der folgende Buchungssatz:

Maschinen	120.000,00 EUR	an	Verbindlichkeiten	142.800,00 EUR
Vorsteuer	22.800,00 EUR			

Vorsteuer-Buchungssatz

- Bei jedem Einkauf wird neben dem Netto-Warenwert Umsatzsteuer berechnet, die das Unternehmen später vom Finanzamt wieder zurückfordert.
- Die **gezahlte Umsatzsteuer** heißt **Vorsteuer** und stellt eine **Forderung an das Finanzamt** dar.
- Die Umsatzsteuer wird beim **Einkauf** auf das aktive Bestandskonto **Vorsteuer** (VORST) gebucht.

Der typische Buchungssatz beim Einkauf sieht folgendermaßen aus:

Nettowert	Betrag in EUR	an	Bruttowert	Betrag in EUR
Vorsteuer	Betrag in EUR			

 **Aufgaben Rechnungswesen**

Aufgabe 5-33 Rechnungswesen

Bilde die Buchungssätze zu den folgenden Geschäftsfällen. Soweit nichts anderes angegeben ist, gilt ein Umsatzsteuersatz von 19 %.

1. Zielkauf eines Lieferwagens, netto 30.000,00 EUR
2. Bareinzahlung auf das Bankkonto: 1.300,00 EUR
3. Kauf einer Regalwand für die Verwaltung gegen Bankscheck: brutto 1.071,00 EUR
4. Banküberweisung einer noch offenen Rechnung an den Lieferer: 2.975,00 EUR
5. Aufnahme eines langfristigen Darlehens gegen Bankgutschrift: 40.000,00 EUR
6. Kauf eines neuen Fotokopierers gegen Barzahlung: 714,00 EUR brutto
7. Teilrückzahlung eines kurzfristigen Bankdarlehens durch Banküberweisung, 7.500,00 EUR, und durch Barzahlung, 2.500,00 EUR

5.7 Buchungslesen

5.7.1 Deutung von Buchungssätzen

Fallbeispiel

Beate sitzt zu Hause und ist sauer. Sie hat die letzte Arbeit in Rechnungswesen total vermasselt und gerade noch eine „Fünf" kassiert. Wer kann helfen? Wahrscheinlich nur der Wirtschaftsdoc. Obwohl ihr die schlechte Note peinlich ist, sucht sie ihn auf.

Doc: *„Hallo, Beate. Was ist denn mit dir los? Du bist ja völlig verstört!"*

Beate: *„Ach, meine letzte Rechnungswesenarbeit ist total danebengelaufen. Normalerweise bin ich gut, wenn es um Buchungssätze geht. Aber diesmal mussten wir genau umgekehrt vorgehen: Buchungssätze und Konten waren gegeben. Wir sollten aufschreiben, welcher Geschäftsfall sich dahinter versteckt. Das habe ich nicht auf die Reihe bekommen. Ich wurde immer nervöser, wusste nicht, was ich tun sollte und die Zeit rannte davon. Hoffentlich kannst du mir helfen, dass ich bald wieder gute Noten schreibe."*

Doc: *„Beate, das ist gar nicht so schwer. Wie immer in Rechnungswesen, gehst du am besten nach einem Schema vor und klärst folgende Fragen ab:"*

Der Wirtschaftsdoc

Buchungslesen

- Sind die angegebenen Konten Aktivkonten oder Passivkonten?
- Kommt es durch die Sollbuchung zu einer Mehrung oder Minderung?
- Kommt es durch die Habenbuchung zu einer Mehrung oder Minderung?
- Wie formuliere ich den Geschäftsfall, sodass sämtliche Konten benannt und alle Beträge eindeutig zugeordnet werden?

→ **Buchungssatz 1:**

| Bank (BK) | an | Kasse (KA) | 1.500,00 EUR |

a) **Welche Arten von Bestandskonten sind betroffen?**

Lösung: Zwei Aktivkonten (Mehrung im Soll und Minderung im Haben): Bank (BK) und Kasse (KA)

b) **Wie verändern sich die Bestände?**

Lösung: Bank (+) im Soll und Kasse (–) im Haben

c) **Um welchen Geschäftsfall handelt es sich?**

Lösung: Wir zahlen 1.500,00 EUR auf unser Bankkonto ein.

→ **Buchungssatz 2:**

| Maschinen (MA) | 50.000,00 EUR | an | Verbindlichkeiten (VE) | 59.500,00 EUR |
| Vorsteuer (VORST) | 9.500,00 EUR | | | |

a) **Welche Arten von Bestandskonten sind betroffen?**

Lösung: Zwei Aktivkonten (Mehrung im Soll): Maschinen (MA) und Vorsteuer (VORST), ein Passivkonto (Mehrung im Haben): Verbindlichkeiten (VE)

b) **Wie verändern sich die Bestände?**

Lösung: Maschinen (MA) und Vorsteuer (VORST) (+) im Soll, Verbindlichkeiten (VE) (+) im Haben

c) **Um welchen Geschäftsfall handelt es sich?**

Lösung: Wir kaufen eine Maschine auf Ziel im Wert von netto 50.000,00 EUR.

5.7.2 Das Deuten von Buchungen in T-Konten

Auch bei vorgegebenen Konten fällt es Beate schwer, den zugrunde liegenden Geschäftsfall zu formulieren.
So war folgendes Konto gegeben:

Soll	BK in EUR		Haben
AB	35.000,00	2. VE	2.380,00
1. KA	1.500,00	4. FP, VORST	34.510,00
3. FO	8.568,00		

Auf welchen Geschäftsfällen beruhen die Eintragungen Nr. 1 bis Nr. 4 in dem abgebildeten Konto? Auch hier ist nach dem gleichen Schema vorzugehen wie beim Lesen von Buchungssätzen:

Das Konto Bank ist ein Aktivkonto und nimmt

←―――――――――――――――――――――――――――――――――→

auf der Sollseite zu.   auf der Habenseite ab.

→ **Überlegungen zum Geschäftsfall 1:**

Das auf S. 130 abgebildete Konto **Bank** ist ein **Aktivkonto** und nimmt im **Soll** um 1.500,00 EUR zu. Wie aus dem Vermerk hinter der Nr. 1 ersichtlich, hat sich auf der **Habenseite** das Konto **Kasse** als Gegenkonto um den gleichen Betrag vermindert.

Somit lautet der Geschäftsfall:

> **Bareinzahlung auf das Bankkonto: 1.500,00 EUR.**

→ **Überlegungen zum Geschäftsfall 2:**

Das auf S. 130 abgebildete Konto **Bank** nimmt als **Aktivkonto** im **Haben** um 2.380,00 EUR ab. Aus dem Vermerk hinter der Nr. 2 wird ersichtlich, warum unser Bankkonto abgenommen hat: Das Gegenkonto **Verbindlichkeiten** aus Lieferungen und Leistungen hat sich auf der **Sollseite** um 2.380,00 EUR vermindert.

Somit lautet der Geschäftsfall:

> **Bezahlung unserer Liefererverbindlichkeiten in Höhe von 2.380,00 EUR per Banküberweisung.**

Aufgabe für Einzelarbeit

Untersuche auf die gleiche Art und Weise die Buchungen Nr. 3 und Nr. 4 und stelle die zugrunde liegenden Geschäftsfälle fest.

 Aufgaben Rechnungswesen

Aufgabe 5-34 Rechnungswesen

Formuliere die Geschäftsfälle zu den folgenden Buchungssätzen:

1. Kasse (KA) an Bank (BK) 550,00 EUR
2. Verbindlichkeiten (VE) an Bank (BK) 13.090,00 EUR
3. Büroausstattung (BA) 1.000,00 EUR an Kasse (KA) 1.190,00 EUR
   Vorsteuer (VORST) 190,00 EUR
4. Fuhrpark (FP) 25.000,00 EUR an Verbindlichk. (VE) 29.750,00 EUR
   Vorsteuer (VORST) 4.750,00 EUR
5. Bank (BK) an Forderungen (FO) 14.280,00 EUR
6. Langfr. Bankverb. 5.000,00 EUR an Bank (BK) 4.000,00 EUR
   (LBKV) Kasse (KA) 1.000,00 EUR
7. Bank (BK) an Kasse (KA) 500,00 EUR
8. Maschinen (MA) 100.000,00 EUR an Verbindlichk. (VE) 119.000,00 EUR
   Vorsteuer (VORST) 19.000,00 EUR

Aufgabe 5-35 Rechnungswesen

Welche Geschäftsfälle liegen den Eintragungen im Konto Kasse zugrunde?

Soll	Kasse (KA) in EUR		Haben
AB	1.300,00	2. VE	595,00
1. BK	1.500,00	4. BK	900,00
3. FO	357,00	5. LBKV	1.000,00
6. UGR	3.000,00	7. FP, VORST	2.975,00

Aufgabe 5-36 Rechnungswesen

Nenne die Geschäftsfälle für die nachfolgenden Buchungen und gib dabei sowohl den Text als auch die Beträge in EUR an.

1. Betriebs-/Verwaltungsgebäude		an Bank		380.000,00 EUR
2. Bank		an Forderungen		357,00 EUR
3. Kasse		an Bank		420,00 EUR
4. Maschinen	2.000,00 EUR	an Kasse		2.320,00 EUR
Vorsteuer	320,00 EUR			
5. Bank		an Langfr. Bankverbindl.		25.000,00 EUR
6. Betriebs-/Verwaltungsgebäude		an Bank		500.000,00 EUR
7. Kurzfr. Bankverbindlichkeiten		an Bank		3.000,00 EUR
8. Bank		an Unbebaute Grundstücke		75.000,00 EUR
9. Bebaute Grundstücke	500.000,00 EUR	an Langfr. Bankverb.		100.000,00 EUR
		Bank		400.000,00 EUR
10. Verbindlichkeiten	6.545,00 EUR	an Kasse		545,00 EUR
		Bank		6.000,00 EUR
11. Kasse	3.800,00 EUR	an Kurzfr. Bankverb.		4.300,00 EUR
Bank	500,00 EUR			
12. Büromaschinen	4.000,00 EUR	an Kasse		200,00 EUR
Vorsteuer	760,00 EUR	Verbindlichkeiten		4.560,00 EUR
13. Fuhrpark	52.000,00 EUR	an Bank		40.000,00 EUR
Vorsteuer	9.880,00 EUR	Verbindlichkeiten		21.880,00 EUR

6 Beschaffung und Einsatz von Werkstoffen

6.1 Wir untersuchen Eingangsrechnungen

Hauptziel unseres Unternehmens **ADA**-Sportartikel ist es, einen möglichst hohen Gewinn aus der Geschäftstätigkeit zu erzielen, um das Eigenkapital zu vermehren. Damit dieses Ziel erreicht wird, sind mehrere Schritte notwendig. Bevor die Firma **ADA-Sportartikel** überhaupt mit der Produktion beginnen kann, müssen **Rohstoffe, Hilfsstoffe, Betriebsstoffe und Fremdbauteile** eingekauft bzw. „bezogen" werden. Diese Produkte heißen **Werkstoffe.**

Werkstoffe

- *Rohstoffe:* Hauptbestandteile eines Produktes, z. B. Lederschäfte
- *Hilfsstoffe:* Nebenbestandteile eines Produktes, z. B. Klebstoffe
- *Betriebsstoffe:* gehen nicht in das Produkt mit ein, z. B. Strom, Wasser, Öl
- *Fremdbauteile:* von anderen Herstellern bezogen und in das eigene Produkt eingebaut, z. B. Stollen für Sportschuhe, Schnürsenkel

Fallbeispiel

Martin macht Erfahrungen beim Einkauf

Die Firma ADA hat einen neuen Anbieter für Sohlen, Schäfte und Schnürsenkel von Sportschuhen gefunden, die Firma LEDERSCHAFT GMBH in Nürnberg.
Beim ersten Verkaufsgespräch wurden dort 20.000 Lederschäfte in Auftrag gegeben. Nachdem der Versand ordnungsgemäß erfolgt ist, soll der Azubi Martin die Rechnung überprüfen. Dabei kann der junge Mann das vom Wirtschaftsdoc vermittelte Wissen praktisch umsetzen. Um sich seine Arbeit zu erleichtern, markiert sich Martin die wichtigsten Begriffe auf der Rechnung.

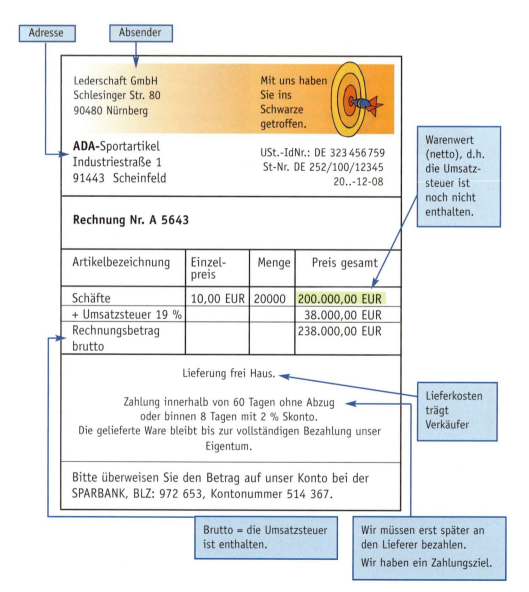

Beispiel

Nachdem sich der Auszubildende Martin in die Prüfung von Eingangsrechnungen eingearbeitet hat, ist es fortan seine Aufgabe, regelmäßig die eintreffenden Rechnungen zu prüfen. Dabei vergleicht Martin Punkt für Punkt:

✓ die bestellte, gelieferte und verrechnete Menge,
✓ den vereinbarten und den berechneten Gesamtpreis,
✓ Datum und Lieferer,
✓ die Liefer- und Zahlungsbedingungen.

 ## Aufgaben Rechnungswesen

Aufgabe 6-1 Rechnungswesen

Martin liegt folgender Beleg zur Bearbeitung vor:

Nähgarne Fest
Hauptstr. 45
90425 Nürnberg   20..-02-25

ADA–Sportartikel
Industriestraße 1
91433 Scheinfeld

Rechnungsnummer: 3456

Für unsere Lieferung vom 25. Februar d. J. berechnen wir Ihnen:

Artikel:	Preise in EUR
4 Rollen zu je 50 m Spezialnähgarn	150,00
2 Rollen zu je 20 m Superfestgarn	120,00
Nettowarenwert	270,00
+ UST 19 %	51,30
Rechnungsbetrag (brutto)	**321,30**

Der Betrag ist innerhalb eines Zahlungsziels von 14 Tagen ohne Abzug zu überweisen auf unser Konto Nr. 567 123 bei der Neubank in Nürnberg (BLZ 760 907 01).

Die Ware bleibt bis zur vollständigen Zahlung unser Eigentum.

Mit freundlichen Grüßen

Gerhard Fest

UST-IdNr.:DE 347892455

---

1. Um welche Art von Beleg handelt es sich?
2. Wer ist der Käufer / Verkäufer der Ware?
3. Welcher Werkstoff wurde geliefert?
4. Wie viel muss der Käufer netto bezahlen?
5. Bis wann muss die Rechnung spätestens überwiesen werden?
6. Warum weist der Verkäufer auf folgenden Satz hin: „Die Ware bleibt bis zur vollständigen Zahlung unser Eigentum"?

6.2 Wir buchen den Einkauf von Werkstoffen

Fallbeispiel

Beate: „Bei der Erkundung der Firma ADA fiel mir auf, dass ihr kein größeres Schuhlager habt. Und wo sind eure Rohstoffe, um die Schuhe herzustellen?"

Martin: „Lagerhaltung ist teuer und daher werden unsere Werkstoffe sofort verbraucht. Auch die fertigen Schuhe werden sofort weiterverkauft. Dieses Verfahren heißt **„just-in-time"**. Um Kosten zu sparen, versuchen wir, die richtige Menge an Werkstoffen zum richtigen Zeitpunkt am richtigen Ort zu haben. Wir laden die Werkstoffe vom LKW ab und verbrauchen sie sofort in der Produktion."

„Just-in-time-Produktion" (JIT)

- *Damit ist eine rechtzeitige, genaue Abstimmung von Materialzuliefer- und Produktionsterminen gemeint. Die Güter werden auf Abruf bereitgestellt.*
- *„Just in time" heißt: Lieferung zum richtigen Zeitpunkt, in der richtigen Menge, in der richtigen Reihenfolge, am richtigen Ort.*
- *Vorteile: Die Lagerkosten werden reduziert. Die Lagerbestände veralten oder verderben nicht.*
- *Nachteile: Die Störanfälligkeit ist größer. Bei einer Lieferverzögerung gerät der Herstellungsablauf leicht ins Stocken. Es drohen Verluste.*

Da wir **Werkstoffe** sofort verbrauchen, können wir diese nicht auf ein aktives oder passives Bestandskonto buchen. Für den **Verbrauch** von Gütern oder Dienstleistungen lernen wir einen **neuen Kontentyp** kennen. Diesen Verbrauch buchen wir auf **Aufwandskonten**.

Aufwandskonten

Aufwandskonten erfassen den Verbrauch von Gütern und Dienstleistungen in einem Unternehmen.

Der Wirtschaftsdoc erklärt dir, wie die Aufwendungen gebucht werden.

Der Wirtschaftsdoc

Aufwendungen

Werkstoffe stellen in der Buchführung ein eigenes Kapitel dar.

- Beim Einkauf werden sie in ⟶ **AUFWANDSKONTEN** gebucht. Die Aufwandskonten stellen eine eigene Kontengruppe dar.
- Die Mehrung des Verbrauchs wird in einem Aufwandskonto im ⟶ **SOLL** gebucht.
- Beim Kauf von Werkstoffen fällt immer ⟶ **VORSTEUER** an.

Zu diesem Zweck werden die folgenden neuen Konten benötigt:

Für den Einkauf von **Rohstoffen:**	**Aufwendungen für Rohstoffe (AWR)**
Für den Einkauf von **Hilfsstoffen:**	**Aufwendungen für Hilfsstoffe (AWH)**
Für den Einkauf von **Betriebsstoffen:**	**Aufwendungen für Betriebsstoffe (AWB)**
Für den Einkauf von **Fremdbauteilen:**	**Aufwendungen für Fremdbauteile (AWF)**

Vor jeder **Einkaufsbuchung** musst du entscheiden, welche **Werkstoffart** vorliegt. Danach legst du die Konten fest und berechnest die Beträge. Beim Buchen beachtest du folgendes Schema und stellst dir folgende vier Fragen:

- **Welche Konten sind betroffen?**
- **Um welchen Kontentyp (Aktivkonto, Passivkonto, Aufwandskonto) handelt es sich?**
- **Liegt eine Mehrung oder Minderung vor?**
- **Wird im Soll oder Haben gebucht?**

Der Wirtschaftsdoc bietet noch eine kleine Hilfe an: „Eigentlich sind diese Einkaufsbuchungen immer gleichlautend. Zuerst wird das passende Werkstoffkonto festgelegt. Danach wird gebucht:

Betrachte alles nochmals anhand des folgenden Beispiels:

Wir erhalten eine Eingangsrechnung für Schrauben über 1.000,00 EUR netto.

- Schrauben sind im Produkt enthaltene Hilfsstoffe. Es handelt sich um einen Nebenbestandteil. Wir buchen auf das Konto **Aufwendungen Hilfsstoffe (AWH)**.
- Beim Einkauf von Werkstoffen fällt **Vorsteuer (VORST)** an.
- Da eine Eingangsrechnung vorliegt, buchen wir auf **Verbindlichkeiten (VE)**.

Buchungssatz und T-Konten-Eintrag sehen folgendermaßen aus:

Aufwendungen Hilfsstoffe (AWH) 1.000,00 EUR an Verbindlichk. (VE) 1.190,00 EUR	
Vorsteuer (VORST) 190,00 EUR	

S	AHW (EUR)	H	S	VORST (EUR)	H	S	VE (EUR)	H
VE	1.000,00		VE	190,00			AWH, VORST	1.190,00

 **Aufgaben Rechnungswesen**

Aufgabe 6-2 Rechnungswesen

Bilde die entsprechenden Buchungssätze in der vorgeschriebenen Form. Berechne die Umsatzsteuer mit 19 %. Gib den Rechenweg an und buche jeweils in T-Konten.

1. Barkauf von Betriebsstoffen: netto 350,00 EUR
2. Wir kaufen Hilfsstoffe für netto 800,00 EUR per Bankscheck.
3. Eingangsrechnung für eine Lederlieferung: Warenwert netto: 3.500,00 EUR
4. Für Schnürsenkel zahlen wir brutto 119,00 EUR bar.
5. Die Werbeaufkleber für unsere Fußbälle kosten brutto 416,50 EUR. Wir überweisen den Betrag per Bank.
6. Der Betrag von der Eingangsrechnung Nr. 3 wird an den Lieferer überwiesen.
7. Zieleinkauf von Schuhsohlen für netto 500,00 EUR

Aufgewacht und nachgedacht: Buche klug und mach es richtig. Die Nebenrechnung für UST ist wichtig!

Um welche Stoffe handelt es sich?

Du weißt bereits, dass in einem Unternehmen alle Buchungsvorgänge auf **Belegen** (also Rechnungen, Quittungen, Kontoauszüge usw.) beruhen. Daher versuchen wir jetzt, eine solche Rechnung in unserer Buchhaltung ordnungsgemäß zu erfassen.

Lederfabrik Ochs

Wiesenstraße 6
76543 Bodendorf   20..-02-15

ADA-Sportartikel
Industriestraße 1
91443 Scheinfeld

Rechnungsnummer: 6574

Wir lieferten Ihnen **frei Haus**:	Preise in EUR
Rohleder, extra feste Qualität	2.500,00
+ UST 19 %	475,00
Rechnungsbetrag	2.975,00

Bitte überweisen Sie den Betrag auf unser Konto Nr. 567 453 bei der Sparbank in Scheinfeld (BLZ 765 600 01). Zahlungsziel 30 Tage ohne weiteren Abzug.

Die Lieferung bleibt bis zur vollständigen Bezahlung unser Eigentum.

Mit freundlichen Grüßen

Wilfried Ochs

UST-IdNr.:DE 845932744

Um welche Stoffe handelt es sich?

Beim Buchen gehst du in folgenden drei Schritten vor:

1. Du legst fest, um **welche Werkstoffe** (Roh-, Hilfs-, Betriebsstoffe oder Fremdbauteile) es sich handelt. Die Rechnung der Lederfabrik Ochs bezieht sich auf Rohstoffe.
2. Du beachtest das **Zahlungsziel**. Im vorliegenden Beispiel muss spätestens **am 14. März bezahlt** werden.
3. Du weißt aus früheren Kapiteln, dass wir den Rabatt abziehen können, aber in unserer Buchführung nicht festhalten müssen. **Wir buchen als Betrag den Nettowarenwert.**

Die Lösung:

Aufwendg. für Rohstoffe (AWR)   2.500,00 EUR   an Verbindlichk. (VE) 2.975,00 EUR
Vorsteuer (VORST)   475,00 EUR

Der Wirtschaftsdoc

Grundbuchung bei Werkstoffen

- Beim Einkauf von Werkstoffen aller Art wird immer die gleiche Grundbuchung durchgeführt:

| AWR (bzw. AWB, AWH, AWF) | an | Zahlungsmittelkonto |
| VORST | | (BK, KA, VE) |

Aufgabe 6-3 Rechnungswesen

Bilde alle anfallenden Buchungssätze in der vorgeschriebenen Form. Die Umsatzsteuer beträgt 19 %. Gib dazu die Nebenrechnungen für deren Ermittlung an.

1. ADA kauft Maschinenöl für netto 300,00 EUR. Das Zahlungsziel beträgt 10 Tage ohne jeden Abzug.
2. Es werden Rohstoffe für netto 8.000,00 EUR geliefert. Die gesamte Rechnung wird mit einem Bankscheck beglichen.
3. Für eine Lieferung von Schrauben und Nieten bezahlen wir bar netto 150,00 EUR.

Aufgabe 6-4 Rechnungswesen

Bilde die Buchungssätze zu den vorliegenden Geschäftsfällen und trage sie in T-Konten ein.

1. Wir kaufen Rohstoffe auf Ziel für netto 10.000,00 EUR.
2. Wir erhalten eine Eingangsrechnung für Schmieröl über 2.500,00 EUR netto.
3. Die Rechnung eines Lieferanten von Stollen für Fußballschuhe bezahlen wir mittels Bankscheck. Der Betrag auf dem Bankscheck beläuft sich auf 3.570,00 EUR.
4. Wir kaufen Leder für die Schuhe auf Ziel. Der Warenwert beträgt 20.000,00 EUR netto.

Aufgabe 6-5 Rechnungswesen

Schnur & Erben KG Hesselbergstraße 28 91717 Wassertrüdingen	Lieferung nach Maß 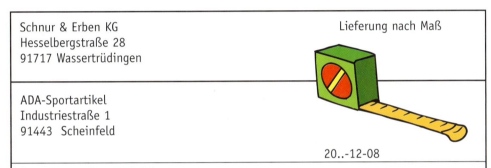
ADA-Sportartikel Industriestraße 1 91443 Scheinfeld	20..-12-08

Rechnung Nr. 84321

gelieferte Ware	Einzelpreis	Menge	Preis gesamt
Schnürsenkel	0,50 EUR	20 000	
+ USt 19 %			
Rechnungsbetrag brutto			

Lieferung erfolgt frei Haus. Zahlung ist erbeten innerhalb von 60 Tagen ohne Abzug. Die Ware bleibt bis zur vollständigen Bezahlung unser Eigentum.

Bitte überweisen Sie den Betrag auf unser Konto bei der Stadtsparkasse Wassertrüdingen, BLZ: 963 433 01, Kontonummer 32 154 032.

USt-IdNr.: DE 847 953 320

1. Berechne die in der Rechnung fehlenden Beträge.
2. Bis wann muss die Rechnung spätestens überwiesen werden?
3. Bilde den Buchungssatz für die Eingangsrechnung.
4. Bilde den Buchungssatz bei Banküberweisung der Rechnung.

Der Verkauf von Fertigerzeugnissen

7.1 Kundenorientierung im Unternehmen

Beispiel

> *Im Raum Scheinfeld gibt es weitere Unternehmen, die wie die Firma ADA Sportartikel herstellen. Der Kunde könnte die Produkte also auch bei der Konkurrenz kaufen. Doch warum ist ADA so erfolgreich? Martin unterhält sich darüber mit dem Außendienstmitarbeiter Günter Schoberth.*
>
> **Martin:** *Wie kommt es, dass ADA trotz der Konkurrenz so erfolgreich ist?*
> **Hr. Schoberth:** *Wir unterscheiden uns von der Konkurrenz dadurch, dass wir einen besonderen Umgang mit unseren Kunden pflegen. Der Kunde ist uns sehr wichtig. Er möchte gut und freundlich bedient werden. Wir legen deshalb bei der Ausbildung unserer Verkaufsmitarbeiter großen Wert auf sehr gute Umgangsformen und eine hohe Fachkompetenz.*
> **Martin:** *Klar, wer höflich und freundlich ist und sich auskennt, hat schon halb gewonnen.*
> **Hr. Schoberth:** *Ja, aber es gehört natürlich noch mehr dazu. Stammkunden haben bei uns z. B. ihren persönlichen Berater, der eventuelle Beschwerden ernst nimmt und sofort für eine „Schadensbegrenzung" sorgt.*
> **Martin:** *Ach so, Sie meinen, dem Kunden wird dann zum Beispiel auch mal ein Preisnachlass gewährt oder er bekommt eine weitere Zusatzleistung kostenlos angeboten.*
> **Hr. Schoberth:** *Genau. Der Kunde muss spüren, dass er uns wichtig ist. Seine Wünsche und Bedürfnisse müssen im Mittelpunkt stehen.*
> **Martin:** *Na ja, aber alles kann man ihm ja auch nicht erfüllen.*
> **Hr. Schoberth:** *Nein, aber wir versuchen z. B. durch unsere große Auswahl an Produkten möglichst viele Wünsche zu erfüllen. Außerdem arbeiten wir mit einem Marktforschungsinstitut zusammen, das unsere Kunden regelmäßig über ihre Zufriedenheit befragt. Diese Ergebnisse berücksichtigen wir dann.*
> **Martin:** *Ist ja interessant. Bei ADA ist der Kunde wirklich König!*
> **Hr. Schoberth:** *Richtig. Für uns sind folgende drei Dinge besonders wichtig: erstens Service, zweitens Service, drittens Service.*

Aufgabe für Partnerarbeit

Wie wird das Sprichwort „Der Kunde ist König" im Unternehmen ADA umgesetzt? Nenne Beispiele und finde weitere Möglichkeiten, den Service des Unternehmens zu verbessern.

Aufgabe 7–1

Fasse die folgenden Auswirkungen der Kundenorientierung mit eigenen Worten in drei Sätzen kurz zusammen.

Auswirkung der Kundenorientierung:

- Es ist fünf- bis sechsmal teurer, einen neuen Kunden zu gewinnen, als einen Stammkunden zu halten.
- Jeder zufriedene Kunde bringt mindestens drei weitere neue Kunden. Vor allem durch Weiterempfehlung von Stammkunden erhält man kostenlose Werbung. Zufriedene Kunden sind gerne bereit, ihre guten Erfahrungen weiterzugeben. Im Laufe der Zeit können so eine ganze Reihe von Neukunden gewonnen werden.
- Kundenbindung wirkt um ein Vielfaches auf den Gewinn.
- „Fünf Prozent weniger Kundenabwanderung können den Gewinn von Unternehmen um bis zu 85% erhöhen".

(Armin Töpfer, in: WIRTSCHAFTSWOCHE vom 17.10.1996)

Aufgabe 7–2

Der Gründer eines Weltkonzerns machte einmal folgende Aussage: „Die unzufriedenen Kunden sind mir die liebsten: Die sagen mir genau, was ich besser machen muss".
Warum passt dieses Zitat zum Sprichwort: Der Kunde ist König?

Der Wirtschaftsdoc

Fehlende Kundenorientierung kann die Umsätze bzw. Erträge mindern. Wenn die Wünsche der Kunden erfüllt werden, bewirkt das eine Einsparung der Kosten, führt zu einer positiven Mundpropaganda und die Verkaufszahlen werden angekurbelt. Dadurch ist eine Steigerung des Gewinns möglich.

7.2 Die Umsatzerlöse für Fertigerzeugnisse

Beispiel

*Martin staunt, als ihn sein Ausbildungsleiter am ersten Arbeitstag durch die Sportartikelfirma **ADA** führt. Pro Jahr stellt **ADA** etwa 300 000 Sportschuhe und 20 000 Sportbälle her. Die Produkte werden überwiegend an Kunden in Deutschland und im europäischen Ausland geliefert. Durch den Verkauf der Waren – die **Umsätze** – erzielt die Sportartikelfirma **ADA** Einkünfte, die wir als **Erlöse** bezeichnen. Mithilfe der Erlöse werden nicht nur die Aufwendungen gedeckt, die der Firma bei der Herstellung der Fertigerzeugnisse entstehen. Gleichzeitig soll auch möglichst viel übrig bleiben; denn schließlich will ja ein Unternehmen in jedem Geschäftsjahr einen stattlichen **Gewinn** erzielen.*

Fallbeispiel

In der ADA-Verkaufsabteilung klingelt das Telefon. Martin nimmt ab.

Martin: „Firma **ADA**-Sportartikel, Verkaufsabteilung, guten Morgen, Sie sprechen mit Martin Klug."

Kundin Baier: „Grüß Gott, hier spricht Frau Baier vom Modehaus **Sporteck** in Hof. Mir liegt die Angebotsliste Ihrer neuen Kollektion vor. Es sind einige interessante Produkte dabei. Bevor ich Ihnen die genaue Bestellung faxe: Mit welcher Lieferzeit muss ich für Artikel aus der neuen Kollektion rechnen?"

Martin: „Wir haben momentan alle Artikel in ausreichenden Mengen vorrätig. Im Normalfall erhalten Sie die Ware innerhalb von ein bis zwei Wochen."

Kundin Baier: „Herr Klug, ich faxe Ihnen zunächst unsere Bestellliste über dringend benötigte Fußballschuhe. Bitte seien Sie so nett und leiten Sie den Auftrag schnell weiter."

Martin: „Gern geschehen, Frau Baier! Ich werde die Bestellung sofort bearbeiten und an das Auslieferungslager weitergeben."

7.2.1 Wir untersuchen Ausgangsrechnungen

Beispiel

Kurz nach Martins Telefongespräch mit der Einkäuferin Frau Baier von der Firma Sporteck trifft mittels FAX die angekündigte Bestellung von 100 Fußballschuhen bei ADA ein. Der Auftrag wird – wie von Martin telefonisch zugesichert – sofort ausgeführt. Martin schreibt die Rechnung, die aus Gründen der Portoersparnis den verkauften Erzeugnissen beigelegt wird.

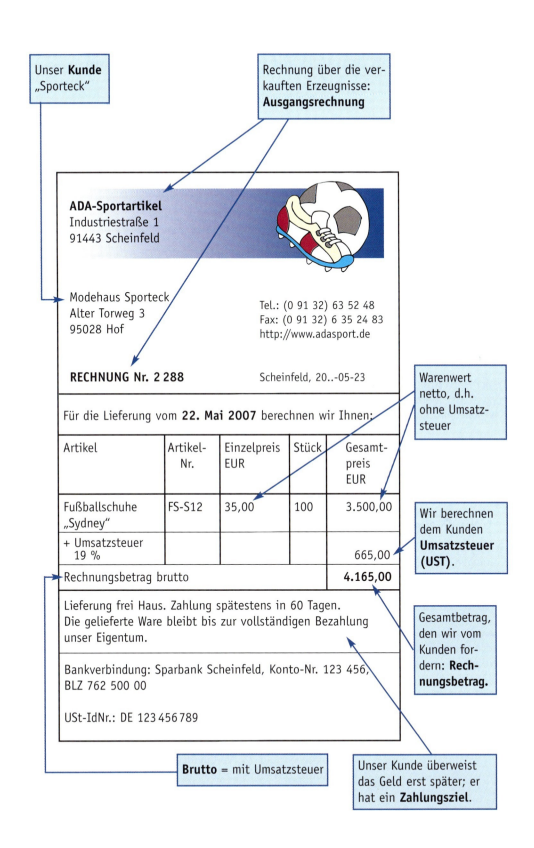

7.2.2 Wir buchen den Verkauf von Fertigerzeugnissen

Fallbeispiel

*Für die Sportartikelfirma **ADA** ist es wichtig, ihre Sportschuhe und Bälle gewinnbringend zu verkaufen. Ohne die **Erträge**, die beim Verkauf erzielt werden, wäre kein **Kapital** da für den Kauf der nötigen Rohstoffe, für die Zahlung von Löhnen, Gehältern und Miete.*

*Beate kann das sehr gut nachvollziehen. Auch sie erzielt **Erträge**, wenn sie gelegentlich Geld geschenkt bekommt. Gleiches gilt, wenn ihr auf dem Sparbuch Zinsen gutgeschrieben werden. Ohne diese Erträge könnte Beate nur selten ins Kino gehen, fast nie ein Konzert besuchen und ihren Freundinnen nur winzige Geburtstagswünsche erfüllen.*

Ertrag

*Unter **Ertrag** verstehen wir den **Wertzuwachs** in einem Unternehmen.*

In der Firma **ADA** werden die Erträge aus dem Verkauf von Fertigerzeugnissen in der Buchhaltung erfasst. Betrachte deshalb die Ausgangsrechnung auf S. 141. ADA hat Fußballschuhe an das Modehaus Sporteck verkauft und eine Rechnung über **4.165,00 EUR brutto** ausgestellt.

Unser Kunde hat von uns Ware erhalten, seine Rechnung aber noch nicht bezahlt. ▶ Wir haben an ihn eine **Forderung** über den gesamten Rechnungsbetrag von **4.165,00 EUR**. ▶ Diese ist auf dem **Konto FO** (= Forderungen) zu buchen. Das Konto **FO** ist ein **aktives Bestandskonto**.	Für unsere Firma stellt der Verkauf einen **Ertrag** in Höhe von **3.500,00 EUR** dar: ▶ Wir buchen Erträge auf dem **Konto UEFE** (**U**msatz**e**rlöse für **F**ertig**e**rzeugnisse). ▶ Das Konto **UEFE** beeinflusst den Gewinn des Unternehmens und wird daher als **Ertragskonto** bezeichnet.
Martin versteht das nicht: „Wir bekommen vom Kunden doch **4.165,00 EUR**. Warum ist das nicht alles unser Ertrag?"	Unser Kunde überweist uns **4.165,00 EUR**. Das ist mehr als der Warenwert netto; wir verlangen nämlich bei jedem Verkauf auch 19 % Umsatzsteuer vom Warenwert. Dieses Geld leiten wir an das Finanzamt weiter. ▶ Wir haben in Höhe der ausgewiesenen Umsatzsteuer eine Schuld an das Finanzamt über **665,00 EUR**. ▶ Diese Schuld (= Verbindlichkeit) buchen wir auf das **Konto UST** (Umsatzsteuer). ▶ Das UST-Konto ist ein **passives Bestandskonto** (genauso wie z. B. Schulden an unseren Lieferer).

Der Wirtschaftsdoc

Das Konto UEFE (Umsatzerlöse für eigene Erzeugnisse bzw. Fertigerzeugnisse)

- Das Konto **UEFE** ist ein **Ertragskonto**.
- Wie jedes andere Ertragskonto nimmt UEFE im **Haben** zu.
- Auf dem Konto UEFE wird stets der **Nettowert** der Erzeugnisse gebucht.
- Der Buchungssatz für den Verkauf von Fertigerzeugnissen lautet: FO (Bruttowert in EUR) an UEFE (Nettowert in EUR) UST (Steueranteil in EUR)

Aus diesen Überlegungen ergibt sich folgender Buchungssatz:

FO	4.165,00 EUR	an	UEFE	3.500,00 EUR
			UST	665,00 EUR

In den T-Konten wird wie folgt gebucht:

Soll	FO in EUR	Haben	Soll	UEFE in EUR	Haben
UEFE, UST 4.165,00				FO	3.500,00

Soll	UST in EUR	Haben
	FO	665,00

 ## Aufgaben Rechnungswesen

Aufgabe 7-3 Rechnungswesen

Formuliere erst die Geschäftsfälle, dann die Buchungssätze zu den vorliegenden Belegen.
Beleg 1

Sparbank Scheinfeld **Niederlassung Scheinfeld** **BLZ 762 500 00**	Kontonummer 123 456 Girokonto	Auszug/Jahr 24/20..	Blatt Nr. 1 von 1
ADA-Sportartikel	Kontoauszug		EUR-Konto
	Alter Kontostand		10.000,00 EUR H
Buchungs-tag 25.01	Wert 25.01	Vorgang Überweisung vom Kunden Übel, nach 60 Tagen	50.000,00 EUR H
		Neuer Kontostand	60.000,00 EUR H

Beleg 2

ADA-Sportartikel
Industriestraße 1
91443 Scheinfeld

Fußballclub Scheinfeld
Jahnstraße 7
91441 Scheinfeld

Tel.: (0 91 32) 63 52 48
Fax: (0 91 32) 6 35 24 83
http://www.adasport.de

RECHNUNG Nr. 2 473

Scheinfeld, 20..-08-06

Für die Lieferung vom **05. August 20..** berechnen wir Ihnen:

Artikel	Artikel Nr.	Einzelpreis EUR	Stück	Gesamtpreis EUR
Fußball „Worldcup"	FB-W06	25,00	20	500,00
+ Umsatzsteuer 19 %				95,00
Rechnungsbetrag brutto				**595,00**

Lieferung am 10. 08. 20.. frei Haus. Zahlungsziel 30 Tage. Die gelieferte Ware bleibt bis zur vollständigen Bezahlung unser Eigentum.

Bankverbindung: Sparbank Scheinfeld, Konto-Nr. 123 456, BLZ 762 500 00

USt-IdNr.: DE 123 456 789

Beleg 3

Quittung

Netto EUR 2.700,00
+ 19 % MwSt./EUR 513,00
Gesamt EUR 3.213,00

Nr.

EUR in Worten: dreitausendzweihundertdreizehn   Cent wie oben

von: ADA-Sportartikel

für: 5000 Liter Heizöl à 0,54 €/l (netto)

dankend erhalten.

Ort/Datum: Hof, 25. 11. 20..

Stempel/Unterschrift des Empfängers: Peter Heizt

Buchungsvermerke

Beleg 4

ADA-Sportartikel
Industriestraße 1
91443 Scheinfeld

Modehaus Sporteck
Alter Torweg 3
95028 Hof

Tel.: (0 91 32) 63 52 48
Fax: (0 91 32) 6 35 24 83
http://www.adasport.de

RECHNUNG Nr. 2 395   Scheinfeld, 20..-06-25

Für die Lieferung vom **24. Juni 20..** berechnen wir Ihnen:

Artikel	Artikel Nr.	Einzelpreis EUR	Stück	Gesamtpreis EUR
Tennisschuhe „Wimbledon"	TS-W01	40,00	25	1.000,00
+ Umsatzsteuer 19 %				190,00
Rechnungsbetrag brutto				**1.190,00**

Lieferung frei Haus. Zahlungsziel 30 Tage. Die gelieferte Ware bleibt bis zur vollständigen Bezahlung unser Eigentum.

Bankverbindung: Sparbank Scheinfeld, Konto-Nr. 123 456, BLZ 762 500 00

USt-IdNr.: DE 123 456 789

Aufgabe 7-4 Rechnungswesen

Wie lauten die Buchungen zu den folgenden Geschäftsfällen bei der Firma ADA?

1. Zielverkauf von Fertigerzeugnissen, 10.000,00 EUR netto.
2. Zielverkauf von Fußballschuhen: 100 Paar à 25,00 EUR netto.
3. Zielverkauf von Fertigerzeugnissen, Rechnungsbetrag 7.140,00 EUR brutto.
4. Ausgangsrechnung über 25 Fußbälle, Listenpreis 30,00 EUR netto.
5. Abgabe von Fußballschuhen für 50,00 EUR netto im Fabrikverkauf. Der Kunde zahlt bar.

Aufgabe 7-5 Rechnungswesen

Welche Geschäftsfälle liegen den folgenden Buchungssätzen zugrunde?

Nr.	Buchungssatz	Soll		Buchungssatz	Haben
1	FO	1.190,00 EUR	an	UEFE UST	1.000,00 EUR 190,00 EUR
2	KA	2.380,00 EUR	an	UEFE UST	2.000,00 EUR 380,00 EUR
3	AWR VORST	500,00 EUR 95,00 EUR	an	VE	595,00 EUR

Aufgabe 7-6 Rechnungswesen

Entscheide, ob die folgenden Behauptungen richtig oder falsch sind und schreibe die korrekten Aussagen in dein Heft.

Nr.	Behauptungen
1	Durch den **Verkauf** von Bällen und Sportschuhen erzielt die Firma **ADA Umsatzerlöse**.
2	Auf dem Konto **UEFE** wird immer der **Bruttowert** gebucht.
3	Wenn die Firma **ADA** ihre Produkte **verkauft**, fällt dabei **Umsatzsteuer** an.
4	Die Firma **ADA** hat **Forderungen**, wenn sie ihre Produkte schon verkauft und auch bereits das **Geld dafür erhalten** hat.
5	Die Höhe des **Gewinns** der Firma **ADA** hängt vor allem auch davon ab, dass sie möglichst hohe **Umsatzerlöse für Fertigerzeugnisse** erzielt.
6	Konten, die den **Gewinn** eines Unternehmens beeinflussen, werden **Ertragskonten** genannt.
7	Das Konto **UEFE** nimmt wie jedes **Ertragskonto im Soll** zu.
8	Die Konten **Forderungen** und **Vorsteuer** sind **aktive Bestandskonten**.

7.3 Die Umsatzsteuer

Die Firma ADA bereitet die Lieferung an einen Kunden vor.

Fallbeispiel

*Als Martin seine Ausbildung in der Firma **ADA**-Sportartikel begann, hatte er mit den vielen verschiedenen Begriffen im kaufmännischen Bereich zunächst Schwierigkeiten. Vor allem mit Vorsteuer, Mehrwertsteuer und Umsatzsteuer wusste er wenig anzufangen. Seine Vorstellungen waren ungenau.*

Gut, dass ihm der Wirtschaftsdoc Bernd schnell weiterhelfen konnte. „Keine Panik, Martin! Du kennst die Umsatzsteuer bereits aus deinem Privatleben, wenn du Kleidung einkaufst, dir eine Pizza holst, in einer Gastwirtschaft etwas verzehrst oder tanken musst. Jedes Mal bezahlst du die auf dem Kassenbon ausgewiesene Umsatzsteuer. Die Umsatzsteuer – alter Begriff: Mehrwertsteuer – erscheint z. B. auch auf jeder Handwerker- oder Heizölrechnung."

Umsatzsteuer

Umsatzsteuer ist der Überbegriff für die Steuer, die der Staat auf jeden Umsatz, also jeden Warenverkauf bzw. jede Dienstleistung (z. B. Handwerkerleistung) erhebt.

Mehrwertsteuer ist eine alte Bezeichnung für die Umsatzsteuer, die noch gelegentlich auf Belegen – z. B. auf einer Abrechnung über verzehrte Speisen und Getränke in einer Gastwirtschaft – zu finden ist.

§ 1 UStG (Umsatzsteuergesetz):

Umsatzsteuerpflichtig sind Lieferungen und sonstige Leistungen, die ein Unternehmer gegen Entgelt im Rahmen seines Unternehmens tätigt.

§ 4 UStG:

Steuerfrei sind z. B. Lieferungen in Länder, die nicht zur EG gehören, die Umsätze der Post und der Banken.

§ 12 UStG:

Der **Regelsteuersatz** beträgt **19 %**. Der **ermäßigte Steuersatz** von 7 % gilt z. B. für Lebensmittel, Zeitschriften und Bücher.

Als Unternehmer unterscheidest du folgende zwei Fälle:

Einkauf von → Roh-, Hilfs-, Betriebsstoffen und Fremdbauteilen

Verkauf von → Fertigerzeugnissen

Die Firma **ADA**-Sportartikel **kauft** Rohstoffe ein, um Fußballschuhe produzieren zu können. Sie erhält eine Rechnung, in der beispielsweise folgende Beträge stehen:	Die Firma **ADA**-Sportartikel **verkauft** die hergestellten Fußballschuhe. Sie setzt dabei einen höheren Wert an als die reinen Produktionskosten. Schließlich will **ADA** ja einen Gewinn erzielen:
netto 2.000,00 EUR + 19 % UST 380,00 EUR brutto 2.380,00 EUR	netto 3.000,00 EUR + 19 % UST 570,00 EUR brutto 3.570,00 EUR
Umsatzsteuer, die ein Unternehmen beim **Einkauf** zahlt, wird **Vorsteuer (VORST)** genannt. ▶ Gebucht wird sie auf das Konto VORST. ▶ Ein Unternehmen fordert die gezahlte Vorsteuer vom Finanzamt zurück. Das Konto **VORST** ist ein **aktives Bestandskonto** (wie auch das Forderungskonto) und nimmt im Soll zu.	Umsatzsteuer, die ein Unternehmen beim **Verkauf einnimmt**, wird als **Umsatzsteuer (UST)** bezeichnet. ▶ Gebucht wird sie auf das **Konto UST**. ▶ Ein Unternehmen leitet die eingenommene UST an das Finanzamt weiter. Das Konto **UST** ist ein **passives Bestandskonto** (wie Verbindlichkeiten) und nimmt deshalb im Haben zu.
Buchungssatz in EUR AWR 2.000,00 an VE 2.380,00 VORST 380,00	Buchungssatz in EUR FO 3.570,00 an UEFE 3.000,00 UST 570,00

Aufgabe 7-7 Rechnungswesen

Entscheide, ob die folgenden Aussagen richtig [r] oder falsch [f] sind und schreibe die korrekten Aussagen stichpunktartig in dein Heft.

Nr.	Behauptung
1	Der Rechnungsbetrag ist immer ein **Bruttobetrag** und enthält die **Umsatzsteuer**.
2	**Umsatzsteuer**, die uns in Rechnung gestellt wird, buchen wir auf das Konto **UST**.
3	Bei einer **Eingangsrechnung** buchen wir die Umsatzsteuer als VORST.
4	Der **Nettowarenwert** abzüglich der Umsatzsteuer ergibt den **Rechnungsbetrag**.
5	Jeder, der **Umsatzsteuer** zahlt, darf sie vom **Finanzamt** auch wieder zurückfordern.

Aufgabe 7-8 Rechnungswesen

 **Einkauf** → **ADA-Sportartikel** → **Verkauf**

Übertrage die Skizze in dein Heft. Ordne danach die folgenden Begriffe entweder dem Einkaufs- oder dem Verkaufsbereich zu:

Forderungen, Rohstoffe, Hilfsstoffe, Betriebsstoffe, Werkstoffe, Vorsteuer, Umsatzerlöse für Fertigerzeugnisse, Lieferverbindlichkeiten, Fremdbauteile, Eingangsrechnung, Ausgangsrechnung.

Aufgabe 7-9 Rechnungswesen

Bilde die Buchungssätze für die folgenden Geschäftsfälle bei der Firma ADA:

1. Ausgangsrechnung über Fertigerzeugnisse, Listenverkaufspreis 1.500,00 EUR netto.
2. Eingangsrechnung über Klebstoffe, netto: 2.100,00 EUR
3. Zielverkauf von Fußbällen, Warenwert netto: 2.500,00 EUR
4. Zieleinkauf von Hilfsstoffen, netto: 5.300,00 EUR
5. Barverkauf von Fußbällen, brutto: 714,00 EUR
6. Zieleinkauf von Schuhleder, brutto: 3.689,00 EUR
7. Bareinkauf von Hilfsstoffen: netto: 2.000,00 EUR

Der Wirtschaftsdoc

Unterscheide zwischen den folgenden Kontenarten:

Erfolgskonten		Bestandskonten	
Aufwandskonto	**Ertrag**skonto	**Aktiv**konto	**Passiv**konto
Sie stellen einen **Werteverzehr** dar, also den Verbrauch von Werkstoffen (z.B. AWR, AWB, ...)	Hier werden (neue) **Werte gewonnen**. Es handelt sich also um die Erzeugung von Erlösen (z.B. UEFE)	Sie stehen auf der Aktivseite der Bilanz und gehören zum Anlage- oder Umlaufvermögen (z.B. MA, FP, BK, ...)	Sie stehen auf der Passivseite der Bilanz und gehören zum Eigen- oder Fremdkapital (z.B. EK, VE, KBKV)

Eine exakte Zuordnung der Konten nach Kontenarten sowie die zugehörige Abkürzung findest du im **Kontenplan** auf S. 192.

8 Buchungskreislauf mit Abschluss der Konten

Betrachtet man ein komplettes Geschäftsjahr in der Firma ADA, so sind **vier** entscheidende Aufgabenschritte während des Jahres zu erledigen. Ab dem Zeitpunkt der Gründung des Unternehmens wiederholen sie sich in jeder Geschäftsperiode.

1. Erstellen der Eröffnungsbilanz am Jahresanfang
2. Eröffnung der Konten
3. Erfassen der laufenden Buchungen
4. Abschluss der Konten am Jahresende

8.1 Erstellen der Eröffnungsbilanz am Jahresanfang

Im Kapitel 5.5 hast Du bereits gelernt, nach den Grundsätzen ordnungsmäßiger Buchführung eine Bilanz zu erstellen.

 Aufgaben Rechnungswesen

Aufgabe 8-1 Rechnungswesen

Zur Wiederholung der wichtigsten Begriffe einer Bilanz und zur Vorbereitung auf die kommenden Aufgaben des Geschäftsjahres hat der Wirtschaftsdoc Martin einige Aufgaben zur Bilanz gegeben.

1.1 Lückentext: Ordne die folgenden Begriffe an der richtigen Stelle in den Lückentext ein. Gib den kompletten Text einschließlich der vorzunehmenden Ergänzungen möglichst am PC ein. Du steigerst damit auch deine Fertigkeiten im Fach Informationstechnologie.

Einzuordnende Begriffe:

Anlagevermögen, Mittelherkunft, Liquidität, Aktivseite, Anlagedauer, Mittelverwendung, Inventarliste, Passivseite, Umlaufvermögen, Fälligkeit, Anlagevermögen.

Die Bilanz ist eine kurzgefasste ########### . Sie gliedert sich in eine ########## und eine #########. Die Aktivseite der Bilanz spiegelt die ########### , die Passivseite der Bilanz die ########## wider. Die Aktivseite ist in ########### und ########### aufgeschlüsselt, wobei die einzelnen Bilanzposten der Aktivseite nach der ########## und ########## gegliedert sind. Die Passivseite hingegen ist nach der ########## gegliedert. Beim ########## sind Gegenstände auszuweisen, die dazu bestimmt sind, dauerhaft dem Geschäftsbetrieb zu dienen.

1.2 Folgende Bestände einer Firma sind dir bekannt:

Bebaute Grundstücke 300.000,00 EUR, Darlehen für 15 Monate 80.000,00 EUR, Verbindlichkeiten 50.000,00 EUR, Maschinen 40.000,00 EUR, Fuhrpark 10.000,00 EUR, Forderungen 5.000,00 EUR, Bankguthaben 28.000,00 EUR, Kasse 4.000,00 EUR

1.2.1 Erstelle eine ordnungsgemäße Eröffnungsbilanz (auch Anfangsbilanz).

1.2.2 Wie hoch ist das Eigenkapital der Firma?

1.3 Entscheide, ob folgende Behauptungen stimmen. Berichtige die falschen Aussagen, indem du in deinem Heft die zutreffenden Aussagen notierst.

a) Eigenkapital und Vermögen zusammengezählt ergeben das Fremdkapital.

b) Auf der Passivseite der Bilanz wird die Mittelverwendung dargestellt.

c) Eine Bilanz wird nicht unterschrieben.

d) Die Geschäftsausstattung zählt zum Anlagevermögen.

e) Als Verbindlichkeit bezeichnen wir das Guthaben bei der Bank.

f) Als Forderungen werden die Geldforderungen unserer Lieferanten bezeichnet.

g) Die Bilanz wird von Kaufleuten freiwillig erstellt.

h) Belege von Unternehmen dürfen nach einem Jahr vernichtet werden.

i) Es gilt die Gleichung Aktiv = Passiv.

j) Die Gleichung kann auch als Anlagevermögen = Eigenkapital + Fremdkapital formuliert werden.

Was ist eine Bilanz?

Die Bilanz ist eine Kurzfassung des Inventars. Sie ist Arbeitsgrundlage für die weiteren Aufgaben während eines Geschäftsjahres. Zu Beginn eines Unternehmens wird eine Eröffnungsbilanz erstellt. Von diesem Zeitpunkt an sind Schlussbilanz am Ende des Geschäftsjahres und Eröffnungsbilanz der darauf folgenden Periode identisch.

8.2 Eröffnung der Konten

8.2.1 Die Systematik der Buchführung

Fallbeispiel

Martin ist zu Besuch beim Wirtschaftsdoc und spricht mit ihm über die Systematik der Buchführung in der Firma ADA-Sportartikel.

Martin: „Hallo Doc, ich bin jetzt schon seit einem Jahr Azubi in der Firma ADA, aber bestimmte Zusammenhänge sind mir trotzdem nicht ganz klar. Mich interessiert, wie der Gewinn ermittelt wird und wie die Konten eröffnet werden."

Doc: „Nimm z. B. das Konto Maschinen. Es ist ein **aktives Bestandskonto**. Die Mehrung buchst du im Soll. Also wird auch bei der Eröffnung dieses Kontos der Anfangsbestand im Soll gebucht. Da es bei der Eröffnung kein Gegenkonto gibt, dient als „künstliches" Konto das Eröffnungsbilanzkonto (EBK). Folglich lautet der Buchungssatz: **Maschinen an Eröffnungsbilanzkonto.**"

Martin: „Weshalb benötigen wir überhaupt beim Buchen immer zwei Konten?"

Doc: „Wir buchen stets auf zwei Konten und sprechen deshalb von **doppelter Buchführung**. So können wir alle Veränderungen im Unternehmen sofort erkennen und haben zudem eine Kontrolle, ob wir alles richtig gemacht haben."

Der Gewinn lässt sich auf zweifache Weise ermitteln: Zum einen, indem wir unser **Eigenkapital am Jahresanfang vom Eigenkapital am Jahresende abziehen**. Zum anderen, indem wir von unseren **Erträgen** die **Aufwendungen** abziehen. Auf diese Weise wird unser Gewinn bzw. Jahresüberschuss ausgewiesen. Im negativen Fall sehen wir, dass unsere Firma mit Verlust abgeschlossen hat. Freilich werden diese Vorgänge in der Praxis buchungstechnisch am PC abgewickelt. Am besten, wir gehen Schritt für Schritt eine Beispielaufgabe durch."

Aufgaben für Gruppenarbeit mit anschließender Präsentation

Arbeitsanweisung:
- Erstellt ein Tafelbild zu eurem Gruppenthema.
- Einigt euch auf einen Gruppensprecher, der eure Arbeitsergebnisse vorträgt.
- Macht euch über die wichtigsten Inhalte Notizen.
- Fasst danach eure Arbeitsergebnisse auf einer Folie, einem großen Bogen Papier oder an der Tafel zusammen.

Gruppe 1:
Was versteht man unter doppelter Buchführung? Erklärt es anhand eines Buchungssatzes.

Gruppe 2:
Was verbirgt sich hinter dem Begriff „Eröffnungsbilanzkonto"? Warum wird es benötigt?

Gruppe 3:
Welche zwei Möglichkeiten gibt es, den Gewinn bzw. Verlust in einem Unternehmen zu ermitteln?

Gruppe 4:
Stellt die Struktur des Eröffnungsbilanzkontos grafisch dar.

8.2.2 Die Eröffnung der Konten

Die Bilanz der Firma ADA-Sportartikel hat folgendes Bild. Der Wirtschaftsdoc zeigt Martin nun Schritt für Schritt, wie die verschiedenen Konten eröffnet werden.

BILANZ DER FIRMA ADA-SPORTARTIKEL
01. Januar 20.. in EUR

Aktiva			Passiva
I. Anlagevermögen		**I. Eigenkapital**	257.000,00
Bebaute Grundstücke	300.000,00	**II. Fremdkapital**	
Maschinen	40.000,00	Langfristige Bank-	
Fuhrpark	10.000,00	verbindlichkeiten	80.000,00
		Verbindlichkeiten	50.000,00
II. Umlaufvermögen			
Forderungen	5.000,00		
Bank	28.000,00		
Kasse	4.000,00		
	387.000,00		**387.000,00**

Der Wirtschaftsdoc

Eröffnungsbilanzkonto

- Das **Eröffnungsbilanzkonto** ist ein **Spiegelbild der Bilanz**. Die Aktivseite der Bilanz entspricht der Habenseite des Eröffnungsbilanzkontos. Die Passivseite der Bilanz stimmt mit der Sollseite des Eröffnungsbilanzkontos überein.

- Das Eröffnungsbilanzkonto bildet die Grundlage für die Eröffnung der einzelnen Konten.

1. Schritt: Die Erstellung des Eröffnungsbilanzkontos

Wird nun das **Eröffnungsbilanzkonto** erstellt, zeigt es auf seiner **Sollseite** die **Passivposten** der Bilanz, auf seiner **Habenseite** die **Aktivposten** der Bilanz.

Soll	Eröffnungsbilanzkonto (EBK) in EUR		Haben
Eigenkapital	257.000,00	Bebaute Grundstücke	300.000,00
Langfristige Bankverbindlichkeiten	80.000,00	Maschinen	40.000,00
		Fuhrpark	10.000,00
Verbindlichkeiten	50.000,00	Forderungen	5.000,00
		Bank	28.000,00
		Kasse	4.000,00
	387.000,00		**387.000,00**

2. Schritt: Die Eröffnung der einzelnen Konten durch Buchungen

Das Eröffnungsbilanzkonto entspricht den Grundsätzen der doppelten Buchführung (keine Sollbuchung ohne dazugehörige Habenbuchung). Es ist notwendig, um die einzelnen Konten eröffnen zu können. Wir zeigen dies am Beispiel des Kontos **Maschinen** auf:

Konto **Maschinen**:	Es ist ein **aktives Bestandskonto**.
Aktives Bestandskonto:	Die **Mehrung** wird im **Soll** gebucht.
Die Eröffnung des Kontos:	Der Anfangsbestand entspricht einer **Mehrung**.

Das Eröffnungsbilanzkonto wird als Gegenkonto im Haben benötigt.

Der **Buchungssatz** für die Eröffnung des Kontos Maschinen lautet somit:

Maschinen (MA)   an   Eröffnungsbilanzkonto (EBK)   40.000,00 EUR

Die Darstellung in T-Konten gestaltet sich wie in nebenstehender Abbildung.

Soll	Maschinen (MA) in EUR	Haben
EBK (Gegenkonto)	40.000,00	

Ein **passives Bestandskonto** wird in gleicher Weise eröffnet. Dies zeigt sich am Beispiel **Verbindlichkeiten.**

Konto **Verbindlichkeiten**:	Es ist ein **passives Bestandskonto**.
Passives Bestandskonto:	Die **Mehrung** wird im **Haben** gebucht.
Die Eröffnung des Kontos:	Der Anfangsbestand entspricht einer **Mehrung**.

Das Eröffnungsbilanzkonto wird als Gegenkonto im Soll benötigt.

Dementsprechend lautet der **Buchungssatz** für die Eröffnung des passiven Bestandskontos Verbindlichkeiten:

Eröffnungsbilanzkonto (EBK)	an	Verbindlichkeiten (VE)	50.000,00 EUR

Die Darstellung in T-Konten gestaltet sich wie abgebildet.

Soll	Verbindlichkeiten (VE) in EUR	Haben
	EBK (Gegenkonto)	50.000,00

Eröffnung von Konten

- *Die Eröffnung von Konten erfolgt über das **Konto EBK** (Eröffnungsbilanzkonto).*
- *Die Buchung zur Eröffnung eines aktiven Bestandskontos lautet:*
  Aktives Bestandskonto (z. B. Maschinen) an EBK.
- *Die Buchung zur Eröffnung eines passiven Bestandskontos lautet:*
  EBK an passives Bestandskonto (z. B. Verbindlichkeiten).

 Aufgaben Rechnungswesen

Aufgabe 8-2 Rechnungswesen

Bilde die Buchungssätze zur Eröffnung der Konten der Firma ADA-Sportartikel. Nimm als Grundlage für deine Arbeit die Bilanz auf Seite 157 zu Hilfe.

Aufgabe 8-3 Rechnungswesen

Von der Firma CompuSoft, Onkel Uwes Softwarefirma, sind dir folgende Daten bekannt: Grundstücke 1.000.000,00 EUR, Fuhrpark 50.000,00 EUR, Büro- und Geschäftsausstattung 100.000,00 EUR, Forderungen 200.000,00 EUR, Verbindlichkeiten 100.000,00 EUR, langfristiges Bankdarlehen 80.000,00 EUR, Kasse 1.000,00 EUR, Bankguthaben 100.000,00 EUR.

1. Erstelle die Bilanz zum Jahresanfang.
2. Bilde die Buchungssätze zur Eröffnung aller Konten.

8.3 Erfassen der laufenden Buchungen

Fallbeispiel

Martin hat noch einige Fragen an den Wirtschaftsdoc.

Martin: *„Ich weiß jetzt, wie wir Konten eröffnen. Nach der Eröffnung können wir alle Geschäftsfälle in den T-Konten buchen. Wir buchen laufend, ohne die Konten abzuschließen. Aber wieso sehe ich nie solche T-Konten bei uns im Betrieb?"*

Doc: *„Du füllst so genannte **Vorkontierungsblätter** aus, um den am Computer buchenden Kollegen die Arbeit zu erleichtern. Hier werden die Buchungssätze entsprechend der Reihenfolge der Geschäftsfälle aufgelistet. Du musst die Systematik des Rechnungswesens begreifen. Wenn du später selbst am PC buchst, musst du dich vergewissern, dass alle Buchungsschritte richtig durchgeführt werden. Die T-Konten erstellt der Computer automatisch und du kannst sie bei Bedarf ausdrucken. Aber der Rechner nimmt es dir nicht ab, die T-Konten zu lesen."*

Das Vorkontierungsblatt weist folgende Gestalt auf:

Buch. Nr.	BA	Datum	Beleg Nr.	Soll	Haben	Text	B/N	Betrag	UST

Erklärung der Felder:
Buch Nr.: Buchungsnummer
BA: Buchungsart (**EB** = Eröffnungsbuchung, **AB** = Abschlussbuchung, **B** = laufende Buchung)
Datum: Das Datum wird vom PC automatisch vorgegeben.
Beleg Nr.: Hier erscheint die Nummer, die beim Buchen auf den Beleg geschrieben wird.
Soll: Hier wird das Konto eingetragen, das im Soll gebucht wird.
Haben: Hier wird das Konto eingesetzt, bei dem die Buchung im Haben erscheint.
Text: Hier erfolgt eine kurze Beschreibung des Geschäftsfalls.
B/N: **B** = Brutto, **N** = Netto
Betrag: Hier wird der Brutto- oder der Nettobetrag eingegeben.
UST: U = Umsatzsteuer (U19/U7), V = Vorsteuer (V19/V7)

Aufgaben für Einzelarbeit

Welche Buchungssätze wurden in die Vorkontierungliste eingetragen. Formuliere anschließend je einen vollständigen Geschäftsfall dazu.

Buch. Nr.	BA	Datum	Beleg Nr.	Soll	Haben	Text	B/N	Betrag	UST
1	B	20..10.10	1	FP	VE	Fahrzeugkauf	N	20.000,00	V19
2	B	20..10.10	2	VE	KA	Rechnung Bezahlt		50.000,00	
3	B	20..10.10	3	BA	VE	Zielkauf Schreibtisch	N	30.000,00	V19
4	B	20..10.10	4	FO	UEFE	Verkauf FE	B	53.550,00	U19
5	B	20..10.10	5	BK	FO	Rechnung bezahlt		19.000,00	

Das Geschäftsjahr ist im vollen Gange und in der Buchhaltung gehen jede Menge Belege ein, die sofort buchhalterisch erfasst werden müssen. Diese Erfassung erfolgt in **drei Schritten**.

1. Formulierung eines Geschäftsfalls zu dem Beleg.
2. Erstellung eines Buchungssatzes zu dem Beleg.
3. Erfassung der Buchung in den betroffenen T-Konten.

Martin übt zusammen mit dem Wirtschaftsdoc anhand von vier Belegen das Erfassen der laufenden Buchungen.

Beleg 1

Philipp Mötti & Söhne
Kleintransporter Nürnberg

Am Holzmarkt 10
90000 Nürnberg

ADA-Sportartikel
Industriestraße 1
91443 Scheinfeld

Telefon: 0911/443210

Nürnberger Bank
BLZ; 770 510 00
Konto-Nr. 8 877 140

10. Mai 20..

Rechnung   Nr. 345/1

Art.-Nr.	Gegenstand	Betrag in EUR
TF 600	Transporter TF 600 Diesel +19% Umsatzsteuer	20.000,00 3.800,00
	Rechnungsbetrag	**23.800,00**

Vielen Dank für Ihren Auftrag. Zahlbar innerhalb von 30 Tagen nach Rechnungseingang. Bitte bei Zahlungen und Schriftwechsel stets die Rechnungsnummer mit angeben.   UST.-IdNr.: DE 121 342 648

Zu diesem Beleg lässt sich folgender **Geschäftsfall** formulieren:

> Kauf eines Firmen-Pkw auf Ziel, der Kaufpreis beträgt 20.000,00 EUR netto.

Buchungssatz:

FP	20.000,00 EUR	an	VE	23.800,00 EUR
VORST	3.800,00 EUR			

Beleg 2

Sparbank Scheinfeld **Niederlassung Scheinfeld** **BLZ 762 500 00**	Kontonummer 123 456 Girokonto	Auszug/Jahr 24/20..	Blatt Nr. 1 von 1
ADA-Sportartikel	Kontoauszug		EUR-Konto
Alter Kontostand			28.000,00 EUR H
Buchungstag Wert Vorgang			
15.05.20.. 15.05.20.. Phillip Mötti & Söhne Rechnung Nr. 345/1			23.800,00 EUR H
Neuer Kontostand			4.200,00 EUR H

Zu obigem Beleg lässt sich folgender **Geschäftsfall** formulieren:

Wir begleichen die Rechnung für den Firmen-Pkw von unserem Geschäftsbankkonto und überweisen 23.800,00 €.

Buchungssatz:

VE	an	BK	23.800,00 EUR

Beleg 3

SUPERSCHAFT GMBH

Superschaft GmbH, Stettiner Straße 20, 90900 Nürnberg

ADA-Sportartikel
Industriestraße 1
91443 Scheinfeld

Kunden-nummer	Rechnungs-nummer	Auftrags-nummer	Auftrags-datum	Bestell-nummer	Rechnungs-datum
440 402	RE 33 334	435 678	01.06.20..	1 234 567	05.06.20..

RECHNUNG

Pos.	Art.-Nr.	Bezeichnung	Menge	Einzelpreis	Gesamtpreis
1	345 678	Lederschäfte rot	1000	20,00 EUR	20.000,00 EUR
2	445 675	Lederschäfte schwarz	1000	10,00 EUR	10.000,00 EUR

	Gesamtpreis	30.000,00 EUR
	+ Umsatzsteuer 19,00 %	5.700,00 EUR
	Rechnungspreis	**35.700,00 EUR**

Zahlungsbedingungen: innerhalb von 30 Tagen ohne Abzüge.

Bankverbindung: Sparbank Nürnberg
Konto-Nr. 220 550 (BLZ 753 221 00)

USt.-IdNr.: DE 113 342 657

Zu obigem Beleg lässt sich folgender **Geschäftsfall** formulieren:

Die Firma ADA kauft Rohstoffe gegen Rechnung mit dem Betrag von 35.700,00 EUR brutto.

Buchungssatz:

AWR	30.000,00 EUR	an	VE	35.700,00 EUR
VORST	5.700,00 EUR			

Beleg 4

ADA-Sportartikel
Industriestraße 1
91443 Scheinfeld

Fa. Intersport
Alter Torweg 3
96515 Sonneberg

Tel.: (0 91 62) 63 52 48
Fax: (0 91 62) 63 52 48 30
http://www.adasport.de
USt.-IdNr.: DE 123 456 789

Rechnung Nr. 3 274   Scheinfeld, 20..-01-28

Artikel	Artikel-Nr.	Einzelpreis in EUR laut Liste	Stück	Gesamtpreis in EUR
Fußballschuhe „Sergio"	FS-S12	40,00	300	12.000,00
Fußballschuhe „Chris"	CH-S1	50,00	610	30.500,00
Nettowert				42.500,00
+ Umsatzsteuer 19,00 %				8.075,00
Rechnungsbetrag				**50.575,00**

Zahlung: Zahlungsziel 30 Tage.
Die gelieferte Ware bleibt bis zur vollständigen Bezahlung unser Eigentum.

Bankverbindung: Konto-Nr. 123 456, Sparbank Scheinfeld, BLZ 762 500 00

Zu obigem Beleg lässt sich folgender **Geschäftsfall** formulieren:

Wir verkaufen Fertigerzeugnisse auf Ziel, netto 42.500,00 EUR

Buchungssatz:

FO	50.575,00 EUR	an	UEFE	42.500,00 EUR
			UST	8.075,00 EUR

Als letzten Arbeitsschritt erfasst Martin die Buchungen in den T-Konten.

Soll	FP in EUR		Haben	Soll	VORST in EUR		Haben
EBK	10.000,00			1. VE	3.800,00		
1. VE	20.000,00			3. VE	5.700,00		

Soll	BK in EUR		Haben	Soll	VE in EUR		Haben
EBK	28.000,00	2. VE	23.800,00	2. BK	23.800,00	EBK	50.000,00
						1. FP, VORST	23.800,00
						3. AWR, VORST	35.700,00

Soll	AWR in EUR		Haben	Soll	FO in EUR		Haben
3. VE	30.000,00			EBK	5.000,00		
				4. UEFE, UST	50.575,00		

Soll	UEFE in EUR		Haben	Soll	UST in EUR		Haben
		4. FO	42.500,00			4. FO	8.075,00

Aufgaben für Einzelarbeit

1. Was bedeutet die Abkürzung „EBK" in den einzelnen Konten?

2. Warum gibt es Konten, die am Anfang „EBK" aufweisen, und Konten, in denen dieser Vermerk fehlt?

3. Welche Geschäftsfälle liegen den folgenden vier Buchungssätzen zugrunde?

3.1	MA	19.000,00	an	VE	22.610,00
	VORST	3.610,00			
3.2	AWB	540,00	an	VE	642,60
	VORST	102,60			
3.3	VE	4.522,60	an	BK	4.522,60
3.4	FO	10.710,00	an	UEFE	9.000,00
				UST	1.710,00

8.4 Abschluss der Konten am Jahresende

Fallbeispiel

Nachdem Martin mit dem Wirtschaftsdoc bereits drei der vier Arbeitsschritte während eines Geschäftsjahres erledigt hat, ist er gespannt darauf mit Herrn Dall über die letzte große Aufgabe für den Jahresabschluss zu reden.

Martin: „Herr Dall, gestern hat mir der Wirtschaftsdoc erklärt, wie man Konten eröffnet und in ihnen bucht. Ich weiß aber nicht, wie ich ermitteln kann, in welcher Höhe sich unsere Aufwendungen für Rohstoffe belaufen oder wie hoch unsere Forderungen oder Verbindlichkeiten sind."

Herr Dall: „Dazu musst du die Konten wieder abschließen. Du ermittelst den Saldo in den jeweiligen Konten. Jetzt erkennst du, wie hoch z.B. die Aufwendungen für Rohstoffe oder die Forderungen oder Verbindlichkeiten im Unternehmen sind."

Martin: „Also ist immer der Differenzbetrag zwischen der Soll- und der Habenseite eines Kontos ausschlaggebend für den Abschluss eines Kontos. Wenn ich diesen Saldo ermittelt habe, kann ich alle Konten auf das Schlussbilanzkonto abschießen."

Herr Dall: „Vorsicht, nicht so überstürzt. Wie du weißt werden ja nicht alle Konten aus der Bilanz eröffnet. Daher unterscheiden wir die Erfolgskonten und die Bestandskonten. Beide Kontenarten werden auf verschiedene Konten abgeschlossen. Aber sehen wir uns zuerst einmal einen Kontenabschluss genauer an."

Aufgaben für Einzelarbeit

1. Erkläre die Unterschiede von Bestandskonten und Erfolgskonten mit ihren Aufgaben im Unternehmen.
2. Wir wollen feststellen, wie hoch die Forderungen unseres Unternehmens sind. Beschreibt genau die einzelnen Arbeitsschritte.
3. Ermittelt die Höhe der Forderungen eines Unternehmens, wenn im Konto Forderungen folgende Buchungen vorgenommen wurden.

Soll	FO in EUR	Haben
1. UEFE/UST	20.000,00	
2. UEFE/UST	30.000,00	

Der Wirtschaftsdoc

> **Abschluss der Konten**
> - Bilde die Summen auf der Soll- und Habenseite.
> - Ermittle die wertstärkere Seite.
> - Der **Saldo** (Fehlbetrag) steht auf der **wertschwächeren Seite**.
> - Der **Saldo** ist die **Differenz** zwischen der wertstärkeren und der wertschwächeren Seite.

8.4.1 Der allgemeine Kontenabschluss

Auch Martin macht sich den Vorgang des Abschlusses anhand der Forderungen klar.

1. Schritt: Martin ermittelt den Saldo im Konto Forderungen.

Soll	FO in EUR		Haben
EBK	5.000,00	**Saldo**	55.575,00
4. UEFE/UST	50.575,00		
	55.575,00		55.575,00

- Wertstärkere Seite (linke Summe)
- „Buchhalternase" um Leerstellen zu entwerten
- Differenz zwischen der wertstärkeren und der wertschwächeren Seite = Saldo (Fehlbetrag)

Achtung: Achte immer auf eine saubere Form beim Kontenabschluss:
  I. Abschlussstriche ziehen (mit Lineal!)
  II. Buchhalternase (wenn notwendig) einfügen

2. Schritt: Martin schließt das Konto FO ab.
- Das Konto FO ist ein Bestandskonto.
- Da der Saldo auf der Habenseite im T-Konto Forderungen entsteht, steht beim Abschlussbuchungssatz dieses Konto ebenso im Haben. Näheres erfährst du im Kapitel 8.4.4.

8.4.2 Die Firma ADA-Sportartikel ermittelt ihren Gewinn: Das Konto Gewinn und Verlust (GUV)

Fallbeispiel

In der Firma ADA-Sportartikel findet eine Aussprache der Führungskräfte über die erzielten Ergebnisse und die künftige Entwicklung des Unternehmens statt. Der Auszubildende Martin soll den Konferenzraum vorbereiten. Sein Chef Herr Dall erinnert ihn an die Pflicht zur Geheimhaltung. Nichts von dem, was hier besprochen wird, ist für die Ohren der Öffentlichkeit bestimmt. In diesem Zusammenhang richtet Martin ein paar Fragen an seinen Chef.

Martin: „Wo liegen die Schwerpunkte der Besprechung, wenn es um die Leistungsfähigkeit der Firma ADA-Sportartikel geht?"

Hr. Dall: „Entscheidend ist der **Gewinn**, den die Firma ADA im vergangenen Jahr erwirtschaftet hat. Ebenso wichtig ist, welcher Gewinn künftig erwartet wird.

Dank der modernen PC-Anlagen ist die Gewinnermittlung nicht mehr so aufwendig wie früher. Die Software übernimmt die Abschlussarbeit und schließt die Konten ab. Dabei wird nach dem gewohnten System verfahren. Die **Aufwands- und Ertragskonten** werden im Konto **Gewinn und Verlust** abgeschlossen. Dort wird der Jahreserfolg, also der Gewinn bzw. der Verlust des Unternehmens festgestellt."

Aufgaben für Einzelarbeit

1. In welchem Konto wird der Jahreserfolg eines Unternehmens ermittelt?
2. Welche Kontentypen fassen wir auf dem Konto „Gewinn und Verlust" zusammen?
3. Nenne das wichtigste Ziel eines jeden Unternehmens.

Der Wirtschaftsdoc

Das Konto Gewinn und Verlust

- Auf dem **Konto GUV** wird der Jahreserfolg des Unternehmens (Gewinn oder Verlust) ermittelt.
- Auf der **Sollseite** des Kontos werden die **Aufwendungen** des Unternehmens erfasst.
- Auf der **Habenseite** des GUV-Kontos stehen die **Erträge**.

Fallbeispiel

Bei der Firmenbesprechung im Konferenzraum des Unternehmens ADA-Sportartikel präsentiert Herr Dall das Gewinn- und Verlustkonto. Um seinen Mitarbeitern das Betriebsergebnis im Detail verständlich zu machen, greift er bestimmte Aufwands- und Ertragskonten heraus.

Vereinfachte Gewinn- und Verlustberechnung bei der Firma ADA-Sportartikel

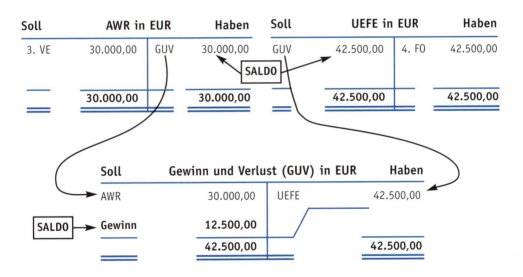

Aus dem **GUV-Konto** der Firma ADA erkennen der Firmenchef Herr Dall und seine Mitarbeiter bei der Firmenbesprechung:

- dass die **Erträge 42.500,00 EUR** betragen;
- dass sich die **Aufwendungen** auf **30.000,00 EUR** belaufen;
- dass der Saldo im Soll mit **12.500,00 EUR** den **Unternehmensgewinn** darstellt.

Der Wirtschaftsdoc

Die Gewinnermittlung

Die Gewinn- und Verlustermittlung (Jahreserfolg) in einem Unternehmen erfolgt im **Konto GUV**.

- Im Konto GUV werden die Aufwendungen und Erträge abgeschlossen.
- Für den Abschluss der Aufwands- und Ertragskonten gilt das folgende Schema:
  1. **Arbeitsschritt:** Auf der Soll- und der Habenseite der Konten werden die Summen ermittelt.
  2. **Arbeitsschritt:** Anschließend wird die wertstärkere Seite festgestellt.
  3. **Arbeitsschritt:** Als Differenz zwischen wertstärkerer und wertschwächerer Seite wird der Saldo errechnet. Bei den Aufwandskonten steht der Saldo meistens im Haben, bei den Ertragskonten im Soll.
- Steht der Saldo beim GUV-Konto im **Soll**, wurde ein **Gewinn** erwirtschaftet.
- Erscheint der Saldo beim GUV-Konto im **Haben**, liegt ein **Verlust** vor.

Selbstverständlich erfolgt der Abschluss der Aufwands- und Ertragskonten mithilfe eines Buchungssatzes.

Martin bildet daher den Buchungssatz für den Abschluss des Kontos AWR:

| GUV | an | AWR | 30.000,00 EUR |

Ebenso bildet er den Buchungssatz für den Abschluss des Kontos UEFE:

| UEFE | an | GUV | 42.500,00 EUR |

 Aufgaben Rechnungswesen

Aufgabe 8-4 Rechnungswesen

Dir sind folgende Daten über den Saldo der einzelnen Aufwands- und Ertragskonten bekannt:

AWR 200.000,00 EUR, AWB 150.000,00 EUR, AWH 50.000,00 EUR, AWF 60.000,00 EUR, UEFE 1.000.000,00 EUR.

1. Bilde die Buchungssätze für den Abschluss der Aufwands- und Ertragskonten.
2. Ermittle im Konto GUV die Höhe und die Art des Jahresüberschusses.

8.4.3 Das Konto Eigenkapital: Verbindung zwischen Erfolgskonten und Bestandskonten

Die zweite Möglichkeit der Erfolgsermittlung besteht darin, das Eigenkapital am Ende des Jahres mit dem Anfangsbestand des Kontos zu vergleichen.
Die beiden Bestände sind unterschiedlich, da das Erfolgssammelkonto GUV auf dem Konto Eigenkapital seinen Abschluss findet. Man spricht daher davon, dass das Konto GUV ein Unterkonto des Kontos Eigenkapital ist.

Martin weiß natürlich, dass das Konto Eigenkapital ein passives Bestandskonto ist. Es stellt somit die **Verbindung zwischen den Erfolgskonten und den Bestandskonten** dar.

Soll	GUV in EUR		Haben
AWR	30.000,00	UEFE	42.500,00
EK	12.500,00		
	42.500,00		42.500,00

(SALDO → EK)

Martin schließt nun das GUV-Konto aus unserem vereinfachten Geschäftsgang ab. Im GUV-Konto wurde ein Gewinn von 12.500,00 EUR ermittelt. Die Erträge von 42.500,00 EUR waren höher als die Aufwendungen von 30.000,00 EUR. Dadurch ergibt sich ein **Gewinn** in Höhe von 12.500,00 EUR.

Auf dem EK-Konto sieht die Gewinnübertragung folgendermaßen aus:

Soll	EK in EUR		Haben
SBK	269.500,00	EBK	257.000,00
		GUV	12.500,00
	269.500,00		269.500,00

Der Buchungssatz für die **Gewinnübertragung** lautet dann

GUV	an	EK	12.500,00 EUR

Der **Gewinn** hat das Anfangskapital um 12.500,00 EUR auf einen Schlussbestand von 269.500,00 EUR **vermehrt**.

Gehen wir davon aus, es würde ein Verlust in gleicher Höhe (12.500,00 EUR) entstehen. Jetzt würde unser Eigenkapitalkonto folgendermaßen aussehen:

Soll	EK in EUR		Haben
GUV	12.500,00	EBK	257.000,00
SBK	244.500,00		
	257.000,00		257.000,00

Der **Verlust** hat also das Anfangskapital um 12.500,00 EUR auf einen Schlussbestand von 244.500,00 EUR **vermindert**.

Der Buchungssatz für die **Verlustübertragung** lautet dann:

| EK | an | GUV | 12.500,00 EUR |

Grundwissen: GUV-Konto als Unterkonto des Eigenkapitals

- Das GUV-Konto ist ein Unterkonto des Kontos Eigenkapital.
- Ein **Gewinn** liegt vor, wenn die Erträge größer sind als die Aufwendungen.
- Ein **Gewinn** führt zu einer **Mehrung des Eigenkapitalkontos**.
- Ein **Verlust** liegt vor, wenn die Aufwendungen größer sind als die Erträge.
- Ein **Verlust** führt zu einer **Minderung des Eigenkapitalkontos**.

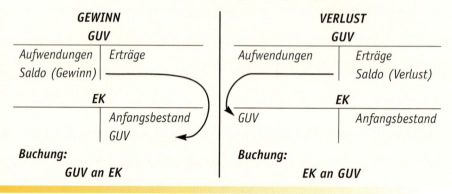

Aufgaben für Einzelarbeit

In Beates Heft haben sich einige Fehler eingeschlichen. Lies ihre Aufzeichnungen genau durch und schreibe alles richtig in dein Heft.

1. Alle Aufwendungen werden im Soll gebucht, gegebenenfalls wird auch auf dieser Kontenseite wieder berichtigt.
2. Alle Erträge buchen wir im Haben und berichtigen sie im Soll.
3. Die Kontengruppe der Aufwendungen und Erträge werden insgesamt als Gewinnkonten bezeichnet.
4. Diese sind Unterkonten des Eigenkapitalkontos und werden zunächst auf ein Abschlusskonto mit dem Namen „Gewinn- und Erfolgskonto" abgeschlossen (GUE).
5. Das Abschlusskonto zeigt an, ob sich ein Gewinn oder Verlust ergeben hat.
6. Dieses Endergebnis (auch „Saldo" genannt) wird schließlich auf das Schlussbilanzkonto übertragen.
7. Dort vermehrt er dann das Eigenkapital, wenn ein Gewinn entstanden ist bzw. es vermindert das Eigenkapital, wenn ein Saldo entstanden ist.

Aufgaben Rechnungswesen

Aufgabe 8-5 Rechnungswesen

1. Erstelle ein GuV-Konto und trage folgende Bestände aus dem Abschluss der Erfolgskonten ein:

AWR	75.000,00 EUR
AWH	22.000,00 EUR
AWB	7.000,00 EUR
AWF	36.000,00 EUR
UEFE	135.000,00 EUR

2. Schließe das Konto GuV ordnungsgemäß ab.
3. Bilde den Abschlussbuchungssatz für das Konto GuV.
4. Erstelle das Konto Eigenkapital mit einem Anfangsbestand von 85.00,00 EUR.
5. Trage den Kontenabschluss des Kontos GuV auch in das Konto Eigenkapital ein.
6. Ermittle den Saldo und die Veränderung des Eigenkapitals.

Aufgabe 8-6 Rechnungswesen

Das Unternehmen ADA-Sportartikel ermittelt zum Geschäftsjahresende im Konto GUV einen Saldo im Soll in Höhe von 150.000,00 EUR.

1. Die Summe der Erträge belaufen sich auf 1.000.000,00 EUR. Wie hoch sind die Aufwendungen?
2. Schließe das Konto GUV ab.
3. Welche Art von Jahresüberschuss liegt vor?
4. Welche weitere Möglichkeit hat das Unternehmen ADA-Sportartikel noch, um den Jahresüberschuss zu ermitteln?
5. Wie hoch war das Eigenkapital am Geschäftsjahresanfang, wenn das Eigenkapital am Geschäftjahresende 800.000,00 EUR beträgt?

Aufgabe 8-7 Rechnungswesen

Fehlertext

Berichtige die Fehler und schreibe den gesamten Text richtig in dein Heft.

Der Buchhalter der Firma CompuSoft eröffnet zunächst die Aufwands- und Ertragskonten. Die laufenden Geschäftsfälle werden in die aktiven und passiven Bestandskonten gebucht. Am Geschäftsjahresende werden zunächst die aktiven Bestandskonten als Unterkonto des Eigenkapitals abgeschlossen. Die Aufwendungen und passiven Bestandskonten werden auf das Konto GUV abgeschlossen. Doppik bedeutet lediglich, dass wir alle Geschäftsvorgänge zweifach buchen.

8.4.4 Das Schlussbilanzkonto

Fallbeispiel

Während der Firmenbesprechung bei ADA wird nicht nur das **GUV-Konto** näher betrachtet. Ebenso spielt die **Bilanz** eine große Rolle. Nachdem alle Aufwands- und Ertragskonten und das GUV-Konto abgeschlossen und die Salden in den aktiven und passiven Bestandskonten ermittelt worden sind, kann eine **Schlussbilanz** erstellt werden.

Der Wirtschaftsdoc

Das Schlussbilanzkonto

- Das Schlussbilanzkonto erfasst alle Schlussbestände der aktiven und passiven Bestandskonten.
- Auf der **Soll-Seite** des Schlussbilanzkontos werden die **aktiven Bestandskonten** (MA, FO, BK, KA u. a.) erfasst.
- Auf der **Haben-Seite** des Kontos werden die **passiven Bestandskonten** (VE, EK, LBKV u. a.) gebucht.
- Für den Abschluss der aktiven und passiven Bestandskonten auf das Schlussbilanzkonto gilt folgendes Schema:
1. **Arbeitsschritt:** Erfasse die Salden in den aktiven und passiven Bestandskonten.
2. **Arbeitsschritt:** Bilde die Abschlussbuchungen für die aktiven und passiven Bestandskonten.

Beispiel für den Abschluss eines aktiven Bestandskontos:

Das Konto Fuhrpark (FP) hat nach unserem Geschäftsgang folgende Gestalt:

Soll	Fuhrpark in EUR		Haben
EBK	10.000,00	SBK	30.000,00
1. VE	20.000,00		
	30.000,00		30.000,00

1. Arbeitsschritt: Zunächst wird der Saldo im Konto Fuhrpark ermittelt. Da es sich beim Konto **Fuhrpark** um ein **aktives Bestandskonto** handelt, steht der Saldo im Haben.

2. Arbeitsschritt: Nun können wir die Buchung für den Abschluss des Kontos Maschinen bilden:

Schlussbilanzkonto (SBK)	an	Fuhrpark (FP)	30.000,00 EUR

Beispiel für den Abschluss eines passiven Bestandskontos:

Das Konto Verbindlichkeiten (VE) weist nach unserem Geschäftsgang folgende Buchungseinträge aus:

Soll	Verbindlichkeiten in EUR	Haben	
2. BK	23.800,00	EBK	50.000,00
SBK	85.700,00	1. FP, VORST	23.800,00
		3. AWR, VORST	35.700,00
	109.500,00		109.500,00

SALDO

Der Buchungssatz für den Abschluss des Kontos VE lautet somit:

Verbindlichkeiten (VE)	an	Schlussbilanzkonto (SBK)	85.700,00 EUR

Das Schlussbilanzkonto hat nach Abschluss aller Bestandskonten folgendes Aussehen:

Soll	Schlussbilanzkonto in EUR	Haben	
BGR	300.000,00	EK	269.500,00
MA	40.000,00	LBKV	80.000,00
FP	30.000,00	VE	85.700,00
FO	55.575,00	UST	8.075,00
VORST	9.500,00		
BK	4.200,00		
KA	4.000,00		
	443.275,00		443.275,00

Grundwissen: Schlussbilanzkonto

- *Das Schlussbilanzkonto erfasst die Bestände der aktiven und passiven Bestandskonten zum Geschäftsjahresende.*

- *Der Buchungssatz zum Abschluss der aktiven Bestandskonten lautet:*

  SBK an Aktives Bestandskonto

- *Der Buchungssatz zum Abschluss der passiven Bestandskonten lautet:*

  Passives Bestandskonto an SBK

Neben dem Schlussbilanzkonto wird auch die **Schlussbilanz** zum Jahresende erstellt. Ihre Werte werden durch die Inventur ermittelt. Stimmen die Werte des Schlussbilanzkontos mit denen der Schlussbilanz überein, so wurde die Geschäftsbuchführung ordnungsgemäß durchgeführt.

Schlussbilanzkonto und Schlussbilanz weichen lediglich in der äußeren Form leicht voneinander ab. Letztere hat dann folgendes Aussehen aus:

Aktiva		Bilanz zum 31.12.20..	Passiva
I. Anlagevermögen		I. Eigenkapital	269.500,00
Bebaute Grundstücke	300.000,00	II. Fremdkapital	
Maschinen	40.000,00	Langfristige Bankverbindlichkeiten	80.000,00
Fuhrpark	30.000,00	Verbindlichkeiten	85.700,00
II. Umlaufvermögen		Umsatzsteuer	8.075,00
Forderungen	55.575,00		
Vorsteuer	9.500,00		
Bank	4.200,00		
Kasse	4.000,00		
	443.275,00		443.275,00

Diese Schlussbilanz ist zudem die **Eröffnungsbilanz des darauf folgenden Geschäftsjahres.**

Aufgaben Rechnungswesen

Aufgabe 8-8 Rechnungswesen

Betrachte die beiden folgenden Konten FP und LBKV.
Welche Geschäftsfälle führten zu den Buchungen 1–4 in den Konten FP und LBKV?

Soll		Fuhrpark in EUR		Haben
1. EBK	100.000,00	2. FO, UST	10.000,00	
3. BK	50.000,00	SBK	170.000,00	
4. KA	30.000,00			
	180.000,00		180.000,00	

Soll		LBKV in EUR		Haben
2. BK	10.000,00	1. EBK	1.000.000,00	
3. BK	10.000,00			
4. BK	10.000,00			
SBK	970.000,00			
	1.000.000,00		1.000.000,00	

Aufgabe 8-9 Rechnungswesen

Bilde die Buchungssätze zu folgenden Geschäftsfällen:
1. Wir kaufen Rohstoffe für 50.000,00 EUR netto auf Ziel.
2. Zielverkauf von Fertigerzeugnissen für 10.000,00 EUR netto.
3. Ein Lieferant für Hilfsstoffe sendet uns eine Rechnung über 10.000,00 EUR netto zu.
4. Wir kaufen einen neuen Lieferwagen für 50.000,00 EUR netto auf Ziel.
5. Die Verbindlichkeiten aus Aufgabe Nr. 4 begleichen wir durch Banküberweisung.
6. Um eine neue Maschine bezahlen zu können, nehmen wir einen Bankkredit über 100.000,00 EUR für 9 Monate auf. Der Betrag wird unserem Bankkonto gutgeschrieben.
7. Ein Kunde begleicht eine offene Rechnung per Überweisung auf unser Bankkonto, 17.850,00 EUR.
8. Den aufgenommenen Bankkredit von Aufgabe Nr. 7 tilgen wir zur Hälfte mit unserem Bankguthaben. Bilde den erforderlichen Buchungssatz.
9. Das Konto AWR weist einen Saldo in Höhe von 50.000,00 EUR auf. Schließe das Konto ab.
10. Für den Abschluss des Kontos Maschinen mit einem Saldo von 60.000,00 EUR ist noch der Buchungssatz zu bilden.

Aufgabe 8-10 Rechnungswesen

Dir sind folgende Daten über den Saldo der einzelnen aktiven und passiven Bestandskonten bekannt:
BK 200.000,00 EUR, VE 150.000,00 EUR, FO 50.000,00 EUR, KA 60.000,00 EUR, LBKV 1.000.000,00 EUR.
Schließe die aktiven und passiven Bestandskonten ab (Buchungssätze bilden).

Aufgabe 8-11 Rechnungswesen

1. Welche Arbeitsschritte fallen im Verlauf eines Geschäftsjahres an?
2. Im folgenden Zeitstrahl hat der Fehlerteufel den Text herausgelöscht. Zeichne den Zeitstrahl in dein Heft ab und ergänze die fehlenden Textstellen.

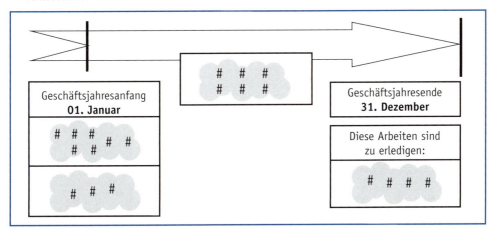

Aufgabe 8-12 Rechnungswesen

1. Lege das Konto 2800 BK mit einem Eröffnungsbestand von 20.000,00 EUR als T-Konto an.
2. Trage alle Geschäftsfälle der Aufgabe 8–9, soweit sie das Bankkonto betreffen, auch in das T-Konto ein.
3. Ermittle den Saldo auf dem Konto 2800 BK schließe es ab.
4. Bilde den erforderlichen Buchungssatz für den Abschluss des Kontos.

Aufgabe 8-13 Rechnungswesen

Am Jahresende erhälst du folgende Übersicht über den Saldo der einzelnen aktiven und passiven Bestandskonten:

KA 7.500,00 EUR, FO 55.000,00 EUR, BK 10.500,00 EUR, VE 75.000,00 EUR, MA 120.000,00 EUR, LBKV 55.000,00 EUR.

Bilde die erforderlichen Buchungssätze für den Abschluss der aktiven und passiven Bestandskonten.

Der Wirtschaftsdoc

Das Geschäftsjahr im Überblick – das System der doppelten Buchführung

Aktiva	Bilanz zum 1. Jan. 20..		Passiva
I. Anlagevermögen		**I. Eigenkapital**	85.000,00 EUR
Maschinen	20.000,00 EUR	**II. Fremdkapital**	
Fuhrpark	37.000,00 EUR	Langfristige Bank-	
Büromaschinen	6.000,00 EUR	verbindlichkeiten	59.000,00 EUR
II. Umlaufvermögen		Verbindlichkeiten	24.000,00 EUR
Forderungen	50.500,00 EUR		
Bank	49.000,00 EUR		
Kasse	5.500,00 EUR		
	168.000,00 EUR		**168.000,00 EUR**

S	AKTIVKONTEN	H	S	PASSIVKONTEN	H
AB	Minderung		Minderung	AB	
Mehrung	**Saldo**		**Saldo**	Mehrung	

S	EIGENKAPITAL	H
Minderung	AB	
GUV (Verlust)	Mehrung GUV (Gewinn)	

S	AUFWENDUNGEN	H	S	ERTRÄGE	H
Mehrung	Minderung		Minderung	Mehrung	
	Saldo		**Saldo**		

S	GUV	H
Aufwendungen	Erträge	
Gewinn	**Verlust**	

Saldo im Konto GUV = Jahresüberschuss (Gewinn/Verlust)

S	SCHLUSSBILANZKONTO	H

Auf das Schlussbilanzkonto werden die
aktiven Bestandskonten | **passiven Bestandskonten**
abgeschlossen.

Folgende Schritte beschreiben die Systematik der Geschäftsbuchführung:
1. Die Bilanz wird in aktive und passive Bestandskonten aufgelöst.
2. Die Geschäftsfälle werden in den Konten erfasst (laufende Buchungen).
3. Die **Aufwands- und Ertragskonten** werden auf das **GUV-Konto** abgeschlossen.
4. Das **GUV-Konto** wird auf das **Eigenkapitalkonto** abgeschlossen.
5. Die **aktiven und passiven Bestandskonten** werden auf das **Schlussbilanzkonto** abgeschlossen (wertmäßige Übereinstimmung mit der **Schlussbilanz** erforderlich).

⑨ Auf den Punkt gebracht

9.1 Lernen mit dem Wirtschaftspauk

Die älteste Tochter vom Wirtschaftsdoc, deren Spitzname Wirtschaftspauk lautet, hat sich für dich die Mühe gemacht, auf drei Seiten den wichtigsten Lernstoff zusammenzufassen.

Sobald du für eine Arbeit lernst, wird dir ein „Paukstoff" an die Hand gegeben. Mit dieser Zusammenfassung in konzentrierter Form erleichterst du dir das Wiederholen und Einprägen.

Wie lernst und arbeitest du am besten mit dem „Wirtschaftspauk"?

1. Kopiere dir die drei Seiten, sodass du die gewünschten Stellen markieren kannst.
2. Kennzeichne mit Bleistift auf der Kopie, über welches Wissen du bis zur nächsten Schul- bzw. Stegreifaufgabe verfügen musst.
3. Decke die gegebenen Lösungen zunächst ab und notiere aufgrund des Geschäftfalls den Buchungssatz. Überprüfe die Ergebnisse und verfahre anschließend umgekehrt.
4. Wiederhole jedes Schema, nachdem du es verstanden hast und dabei bist, es dir fest einzuprägen, auf einem Blatt Papier. Dies gilt insbesondere für die Bilanz.
5. Bitte einen Mitschüler oder deine Eltern, dir nacheinander die betreffenden Geschäftsfälle vorzulesen. Notiere jeweils den Buchungssatz, evtl. auch das dazugehörige Schema. Wiederhole diese Übung so oft, bis du fehlerfrei arbeitest und alle Buchungssätze spielend beherrscht.
6. Vergiss nicht, etliche Aufgaben aus dem Buch zu lösen. Und jetzt viel Spaß beim Lernen und Üben!

Die Gliederung der Bilanz	
Aktiva Bilanz zum 31. Dez. 20.. **Passiva**	
Nutzungsdauer ↓ *Liquidität ↓* **I. Anlagevermögen** Bebaute Grundstücke Maschinen Fuhrpark Büroausstattung **II. Umlaufvermögen** Forderungen Bankguthaben Kasse	**I. Eigenkapital** **II. Fremdkapital** Langfristige Bankverbindlichkeiten Kurzfristige Bankverbindlichkeiten Verbindlichkeiten aus Lieferungen und Leistungen *Fälligkeit ↓*
Die **Aktivseite** stellt die **Mittelverwendung**, also das **Vermögen** des Unternehmens dar.	Die **Passivseite** gibt Auskunft über die **Mittelherkunft**, also das **Kapital** der Firma.
Buchungen	
Bilde die Buchungssätze nach folgendem Schema: • Welche Konten sind betroffen? • Welcher Kontentyp liegt vor? (Aktiv-, Passiv-, Aufwands- oder Ertragskonto?) • Handelt es sich um eine Mehrung oder Minderung? • Wird im Soll oder Haben gebucht?	

Buchungen im Einkaufsbereich

Als Angestellte der Firma ADA liegen uns verschiedene Geschäftsfälle zur Bearbeitung vor.

Nr.	Geschäftsfall	Soll	Haben	
1	Wir zahlen 10.000,00 EUR auf unser Bankkonto ein.	BK	KA	10.000,00 EUR
2	Wir heben 5.000,00 EUR für die Geschäftskasse ab.	KA	BK	5.000,00 EUR
3	Unser Kunde überweist 2.000,00 EUR.	BK	FO	2.000,00 EUR
4	Wir bezahlen an unseren Lieferer 1.000,00 EUR bar.	VE	KA	1.000,00 EUR
5	Eine Lieferverbindlichkeit über 10.000,00 EUR begleichen wir mittels kurzfristigem Bankdarlehen.	VE	KBKV	10.000,00 EUR
6	Wir nehmen für drei Jahre einen Bankkredit über 30.000,00 EUR auf.	BK	LBKV	30.000,00 EUR
7	Wir tilgen ein kurzfristiges Bankdarlehen in Höhe von 5.000,00 EUR mittels Verrechnungsscheck.	KBKV	BK	5.000,00 EUR

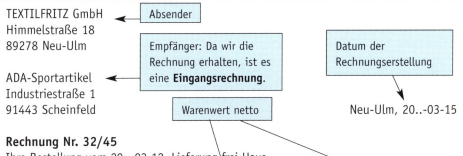

TEXTILFRITZ GmbH ← Absender
Himmelstraße 18
89278 Neu-Ulm

ADA-Sportartikel ← Empfänger: Da wir die Rechnung erhalten, ist es eine **Eingangsrechnung**.
Industriestraße 1
91443 Scheinfeld

Datum der Rechnungserstellung

Neu-Ulm, 20..-03-15

Rechnung Nr. 32/45
Ihre Bestellung vom 20..-03-12, Lieferung frei Haus

Art.-Nr.	Menge	Bezeichnung	Einzelpreis	Gesamtpreis in EUR
25643	2000	Lederschäfte	10,00 EUR	20.000,00 EUR
Rechnungsbetrag einschließlich UST			+ 19 % UST	3.800,00 EUR
			Brutto	**23.800,00 EUR**

Warenwert netto

Das Zahlungsziel beträgt 30 Tage netto. Die Ware bleibt bis zur endgültigen Bezahlung unser Eigentum.

Für das Lesen von Belegen bietet sich folgendes Schema an:

- **Welche Art von Beleg liegt vor?** (Rechnung, Kontoauszug, Bankbeleg, Quittung?)
- **Wer hat den Beleg erstellt?** (Stammt der Beleg von uns oder einer anderen Firma?)
- **Wer hat den Beleg erhalten?** (Haben wir den Beleg bekommen oder verschickt?)
- **Welcher Vorgang hat zu dem Beleg geführt?** (z. B. Geld abgehoben, eingekauft, verkauft?)

Nr.	Geschäftsfall	Soll		Haben	
8	Wir kaufen Rohstoffe auf Ziel, netto 20.000,00 EUR.	AWR VORST	20.000,00 EUR 3.800,00 EUR	VE	23.800,00 EUR

Merke:
Die Buchung des Einkaufs von Werkstoffen erfolgt mit dem Nettobetrag auf den **Aufwandskonten AWR** (Rohstoffe = Hauptbestandteil), **AWB** (Betriebsstoffe = nicht im Produkt enthalten), **AWH** (Hilfsstoffe = Nebenbestandteil) und **AWF** (Fremdbauteile = fertig vom Zulieferer bezogen).

9	Wir bezahlen die Rechnung von Aufgabe Nr. 8 am 14. April d. J.	VE		BK	23.800,00 EUR

10	Wir kaufen eine Maschine (oder *Fahrzeug, Büromaschine, Büroausstattung*) für 11.900 EUR brutto auf Ziel *(Eingangsrechnung)*.	MA (FP, BM, BA) 10.000,00 EUR VORST 1.900,00 EUR	VE	11.900,00 EUR
Buchungen im Verkaufsbereich				
11	Wir verkaufen Fertigerzeugnisse für 10.000,00 EUR netto auf Ziel.	FO 11.900,00 EUR	UEFE UST	10.000,00 EUR 1.900,00 EUR
Eröffnung und Abschluss der Konten				
Buchungen zur Eröffnung der Konten				
12	Eröffnung des Kontos Maschinen mit dem Anfangsbestand 100.000,00 EUR.	MA 100.000,00 EUR	EBK	100.000,00 EUR
13	Eröffnung des Kontos langfristige Bankverbindlichkeiten mit dem Anfangsbestand 80.000,00 EUR.	EBK 80.000,00 EUR	LBKV	80.000,00 EUR
Es werden **nur** die **aktiven** und **passiven Bestandskonten eröffnet**.				
Buchungen zum Abschluss der Konten				
Zuerst werden die **Erfolgskonten**, die während des Jahres für den Stoffeverbrauch und den Verkauf von Fertigerzeugnissen benötigt werden, **abgeschlossen**.				
14	Abschluss des Kontos AWR, es liegt ein Habensaldo von 12.000,00 EUR vor.	GUV 12.000,00 EUR	AWR	12.000,00 EUR
15	Abschluss des Kontos UEFE, es liegt ein Sollsaldo von 25.000,00 EUR vor.	UEFE 25.000,00 EUR	GUV	25.000,00 EUR
Das **Erfolgssammelkonto GUV** wird **auf** sein **Hauptkonto Eigenkapital abgeschlossen**.				
16	Abschluss des Kontos GUV mit einem Gewinn von 17.000,00 EUR.	GUV 17.000,00 EUR	EK	17.000,00 EUR
17	Abschluss des Kontos GUV mit einem Verlust von 28.000,00 EUR.	EK 28.000,00 EUR	GUV	28.000,00 EUR
Am Ende des Geschäftsjahres werden **alle aktiven** und **passiven Bestandskonten auf** das **Schlussbilanzkonto abgeschlossen**.				
18	Abschluss des Kontos Kasse mit einem Habensaldo von 4.000,00 EUR.	SBK 4.000,00 EUR	KA	4.000,00 EUR
19	Abschluss des Kontos Eigenkapital mit einem Sollsaldo von 11.500,00 EUR.	EK 11.500,00 EUR	SBK	11.500,00 EUR

9.2 Grundwissen – Grundbegriffe

A

Anlagevermögen. Darunter sind die langfristig im Unternehmen verbleibenden Gegenstände zu verstehen, z. B. bebaute und unbebaute Grundstücke, Lieferwagen und Geschäftsausstattungen. Das Anlagevermögen wird nach der Nutzungsdauer geordnet.

Ausgaben, fixe und variable. Fixe Ausgaben sind feste Ausgaben, die regelmäßig vorkommen, z. B. Miete, Kanalisation, Fernsehgebühren. Variable Ausgaben sind unregelmäßige Zahlungen, wie z. B. Schul- und Berufsbedarf.

B

Barscheck. Wer dieses Inhaberpapier unterschrieben bei der Bank des Scheckausstellers vorlegt, erhält das Geld bar ausbezahlt. Der Betrag wird vom Girokonto des Scheckausstellers abgebucht. Barschecks sind gefährlich; denn bei Diebstahl oder Verlust kann auch ein Unbefugter sie leicht einlösen.

Behörden. Hierzu zählen staatliche und städtische Einrichtungen wie Schule, Universität, Polizei, Arbeits-, Gewerbe-, Gesundheits- und Finanzamt.

Beleg. Nur wenn ein ordnungsgemäßer Eigen- oder Fremdbeleg vorhanden ist, darf die Buchhaltung den Geschäftsfall bearbeiten. Ein wichtiger Grundsatz der Buchführung heißt daher: Keine Buchung ohne Beleg! Ein Beleg verbindet immer den einzelnen Geschäftsfall mit der nachfolgenden Buchung. Für Belege besteht eine zehnjährige Aufbewahrungspflicht. Um einen Beleg richtig auszuwerten, bietet sich folgendes Schema an: Um welche Art von Beleg handelt es sich? Wer hat den Beleg erstellt? Wer hat den Beleg erhalten? Welcher Vorgang hat zu dem Beleg geführt?

Betriebsstoffe. Sie sind kein Bestandteil des Produktes, sondern dienen dazu, dass der Betrieb mit Energie versorgt wird und die Maschinen mithilfe von Öl, Schmierstoffen, Wasser usw. betrieben werden können. Die Aufwendungen für Betriebsstoffe werden im Konto AWB, die Bezugskosten für Betriebsstoffe im Konto BZKB bei Mehrung im Soll gebucht.

Bilanz. Die Bilanz ist mit einer Waage vergleichbar. Es handelt sich um eine Kurzfassung des Inventars in Kontenform. In dieser Übersicht werden Vermögen (Mittelverwendung) und Kapital (Mittelherkunft) gegenübergestellt. Die linke Seite, die Aktivseite, enthält das Anlage- und Umlaufvermögen. Auf der rechten Seite, der Passivseite, werden das Eigenkapital und die Schulden (Fremdkapital) aufgenommen.

Bilanzveränderungen. Jeder Geschäftsfall verändert mindestens zwei Bilanzposten: Aktiv-Tausch: Ein Aktivposten wird mehr, einer weniger (KA an FO). Passiv-Tausch: Ein Passivposten wird mehr, einer weniger (KBKV an VE). Aktiv-Passiv-Mehrung: Die Mehrung betrifft ein Aktiv- und ein Passivkonto (FP an VE). Aktiv-Passiv-Minderung: Von der Minderung sind ein Aktiv- und ein Passivkonto betroffen (VE an BK).

Buchführung. Jeder Kaufmann muss sich an den gesetzlichen Vorschriften des Handelsgesetzbuches (HGB) orientieren und ist zur ordnungsmäßigen Buchführung verpflichtet. Nur ordnungsgemäß geführte Bücher gelten als Beweis z. B. gegenüber dem Finanzamt. Alle wichtigen Unterlagen sind zehn Jahre lang sicher aufzubewahren. Die Buchführung gilt als ordnungsgemäß, wenn sich ein neutraler Sachverständiger (z. B. Finanzbeamter) in einem angemessenen Zeitraum ohne fremde Hilfe einen genauen Überblick über die finanzielle Lage eines Unternehmens verschaffen kann.

Buchungssatz, einfacher. Die Namen der Konten sind durch das Wort „an" miteinander verbunden. Das Konto vor dem „an" enthält die Soll-Buchung, das Konto danach die Haben-Buchung. Die EUR-Beträge müssen bei der Soll- und der Haben-Buchung auf beiden Seiten gleich hoch sein.

Budgetplan. Es ist eine andere Bezeichnung für einen Haushaltsplan. Bei jeder Finanzplanung sollte das „Prinzip der kaufmännischen Vorsicht" gelten. Die Ausgaben sind höher und die Einnahmen niedriger als erwartet anzusetzen.

D

Dauerauftrag. Er eignet sich für alle wiederkehrenden Zahlungen, die in gleicher Höhe und zum gleichen Zeitpunkt erfolgen, z. B. Miete, Taschengeld, Versicherungsbeiträge. Der Dauerauftrag läuft gewöhnlich unbefristet. Jede Änderung ist im Allgemeinen gebührenpflichtig.

Dienstleistung. Solche Unternehmer stellen selbst keine Waren her oder handeln damit, sondern bieten Dienstleistungen an wie Friseur, Bank, Steuerberater, Kfz-Werkstatt, Hard- und Softwareberatung. Das Dienstleistungsgewerbe verzeichnet steigende Zuwachsraten, schafft neue Arbeitsplätze und gewinnt damit zunehmend an Bedeutung.

E

Einzelunternehmung. Hier sind die Rechte und Pflichten in einer Person, dem Firmeninhaber, vereint. Vorteile sind: Entscheidungsfreiheit, Verwirklichung eigener Ideen, größere Flexibilität, alleiniger Gewinnanspruch. Als Nachteile fallen an: Haftung mit Betriebs- und Privatvermögen, alleiniges Risiko, größere Gefahr von Fehlentscheidungen, zumindest anfangs hohe arbeitsmäßige Belastung.

Einzugsverfahren (Lastschriftermächtigung). Im Gegensatz zum Dauerauftrag können auch unregelmäßig zu leistende Zahlungen in unterschiedlicher Höhe abgebucht werden wie Einkäufe im Versandhandel oder Telefongebühren. Für den Schuldner fallen keine Gebühren an und er muss sich um nichts kümmern.

Electronic cash. „Electronic cash" mithilfe der ec-Karte setzt sich immer mehr durch. Beim Einkauf schiebt der Kunde seine ec-Karte in ein Lesegerät ein und bestätigt den angezeigten Betrag per Tastendruck. Sobald er seine PIN eingetippt hat, ist der Zahlungsverkehr für ihn abgeschlossen.

Eröffnungsbilanzkonto (EBK). Das Eröffnungsbilanzkonto ist ein Spiegelbild der Bilanz. Das Eröffnungsbilanzkonto bildet die Grundlage und ist das Gegenkonto für die Eröffnung der einzelnen Bestandskonten.

Erträge. Mit Ertrag ist der Wertzuwachs in einem Unternehmen gemeint. Das Konto UEFE (Umsatzerlöse für eigene Erzeugnisse bzw. Fertigerzeugnisse) ist ein Ertragskonto. Wie jedes andere Ertragskonto nimmt UEFE im Haben zu. Auf dem Konto UEFE wird stets der Nettowert der Ware gebucht.

Euro. Einheitliche Währung in der Europäischen Union (EU) ab dem Jahr 2002 als Bargeldumlauf. Umrechnungskurs gegenüber der DM: 1,95583; Abkürzung: EUR, Zeichen: €.

F

Forderungen (FO). Damit ist das Geld gemeint, welches uns die Kunden schulden. Dies geschieht, wenn dem Kunden ein Zahlungsziel eingeräumt wird. Das Konto Forderungen ist ein Aktivkonto. Jede Mehrung wird im Soll, jede Minderung im Haben gebucht.

Fremdbauteile. Ein Produktionsunternehmen kauft bestimmte Teile von einem Zulieferer fertig ein und fügt sie dem eigenen Produkt zu, z. B. Schnürsenkel und Stollen für Sportschuhe, Rollen und Scharniere für Möbelstücke. Fremdbauteile als so genannte Vorprodukte werden wie Rohstoffe behandelt. Die Aufwendungen für Fertigbauteile werden im Konto AWF, die Bezugskosten für Fertigbauteile im Konto BZKF jeweils im Soll gebucht.

G

Geld. Es wird in Münzen und Scheinen ausgegeben und erfüllt folgende Hauptaufgaben:
a) Es wird als gesetzliches Zahlungsmittel anerkannt.
b) Es dient als Tauschmittel und bildet den Wertmaßstab für Güter und Dienstleistungen.
c) Es wird als Recheneinheit eingesetzt und ist in kleinere Einheiten aufteilbar.
d) Es bleibt gültig und gilt als Wertaufbewahrungs- und Wertübertragungsmittel.
e) Geld verdirbt nicht und ist ziemlich fälschungssicher.

Geschäftsfall. Alle betrieblichen Vorgänge, die zu Veränderungen in der Bilanz führen, werden als Geschäftsfälle bezeichnet. Sie können sowohl durch Beziehungen mit der Außenwelt entstehen als auch innerbetriebliche Vorgänge sein. Sie beschränken sich auf notwendige Informationen und werden in Kurzform dargestellt. Unwichtiges Beiwerk entfällt.

Gewinn. Jeder Unternehmer will einen Gewinn erwirtschaften. Der Gewinn dient einerseits zur Entlohnung dafür, dass der Unternehmer seine Arbeitskraft eingebracht hat. Andererseits sollen das Geschäftsrisiko abgedeckt und künftige Investitionen ermöglicht werden. In der Buchführung werden Gewinn und Verlust über die Erfolgskonten ermittelt.

Girokonto. Der Zahlungsverkehr erfolgt zu 90 % bargeldlos. Darum braucht jeder, der Zahlungen leistet oder Geld verdient, ein Girokonto. Auch Jugendliche dürfen ein Girokonto eröffnen, aber ihr Konto weder überziehen noch Schecks ausstellen. Geld abheben und überweisen ist erlaubt, solange das Konto ein Guthaben aufweist. Die Kontenführung bei Jugendlichen ist bei den Banken und Sparkassen gebührenfrei.

Grundwert, vermehrter. Bei der Berechnung der Umsatzsteuer (UST) taucht das Problem des vermehrten Grundwertes auf. Beträgt der gegebene Wert mehr als 100 %, sprechen wir von vermehrtem Grundwert.

Grundwert, verminderter. Beträgt der gegebene Wert weniger als 100 %, sprechen wir vom verminderten Grundwert.

GUV-Konto. Das Konto Gewinn und Verlust ist das Erfolgssammelkonto, auf dem der Jahreserfolg eines Unternehmens ermittelt wird. Auf der Sollseite werden alle Aufwendungen erfasst, auf der Habenseite alle Erträge. Das GUV-Konto ist ein Unterkonto des Kontos Eigenkapital.

H

Handelsgesetzbuch (HGB). Es ist dasjenige Gesetzbuch, das für jeden Kaufmann die wesentliche rechtliche Grundlage bildet.

Haushaltseinkommen. Das Einkommen einer Familie setzt sich aus mehreren Einzelposten zusammen. Den größten Posten bildet gewöhnlich der Arbeitsverdienst. Das Bruttoeinkommen ist immer höher als das Nettoeinkommen, weil hier noch nicht die Steuern und Sozialabgaben abgezogen worden sind.

Haushaltsplan. Im Haushaltsplan werden alle Einnahmen und Ausgaben erfasst. Wichtig sind: Alle Eintragungen regelmäßig, ehrlich und übersichtlich vornehmen, wöchentlich oder monatlich genau abrechnen und die Belege sorgfältig aufbewahren.

Hilfsstoffe. Damit sind die Nebenbestandteile eines Produktes gemeint, z. B. Leim, Ösen, Farbe usw. Die Aufwendungen für Hilfsstoffe werden im Konto AWH.

I

Internetbanking. Auf diese Weise lassen sich Bankgeschäfte unabhängig von den Öffnungszeiten zu jeder Zeit und von beinahe jedem Ort aus erledigen. Jeder Buchungsvorgang ist sofort am Bildschirm sichtbar. Vor allem Wertpapiergeschäfte lassen sich über das Internet schnell und billig ausführen.

Inventar. Das Inventar ist ein Bestandsverzeichnis und dient als Grundlage für die jährlich aufzustellende Bilanz. Es umfasst in gegliederter Form die Bereiche Anlage- und Umlaufvermögen, Fremd- und Eigenkapital.

Inventur. Wir verstehen darunter die Erfassung aller Vermögensgegenstände und Schulden eines Unternehmens durch Zählen, Wiegen und Messen. Jeder Firmeninhaber muss bei der Gründung und am Anfang eines jeden Geschäftsjahres eine Inventur vornehmen und ein Inventar aufstellen.

J

Just-in-time-Prinzip. In kürzester Form ausgedrückt bedeutet dies: Lieferung zum richtigen Zeitpunkt, in der richtigen Menge, in der richtigen Reihenfolge, am richtigen Ort. Vorteile: Die Lagerkosten werden verringert. Lagerbestände veralten oder verderben nicht. Nachteile: Die Störanfälligkeit ist größer. Bei Lieferengpässen gerät der Herstellungsablauf ins Stocken. Es drohen Verluste.

K

Kapital. Kapital bezieht sich auf die Mittelherkunft. Woher stammen die Mittel in der Firma? Gehört das Kapital uns selbst (Eigenkapital) oder haben wir Schulden (Fremdkapital)?

Kontenplan. Es handelt sich um eine übersichtliche Tabelle aller verwendeten Konten nebst Abkürzungen. Für die 7. Jahrgangsstufe wird eine vereinfachte Form des Kontenplans auf der letzten Buchseite angeboten.

Kreditkarte. Vor allem bei Leuten, die oft ins Ausland verreisen, sind Kreditkarten sehr beliebt. Damit lassen sich ohne große Formalitäten fällige Rechnungen bezahlen. Einmal monatlich erhält der Kunde eine Aufstellung seiner Umsätze. Die Schuldsumme wird dann von seinem Girokonto abgebucht.

L

Liquidität (Flüssigkeit). Die Liquidität besagt, wie schnell sich Vermögensgegenstände in Geld umwandeln lassen. Bargeld ist flüssiger als Vorräte oder Bankguthaben.

P

Produktionsunternehmen. Damit sind Betriebe gemeint, die Güter erzeugen, wie z. B. Auto-, Textil-, Möbel-, Sportartikel- und Computerhersteller.

Prozentrechnung. Die Prozentrechnung ist unverzichtbar im Wirtschaftsleben. Das Prozentzeichen % kommt vom lateinischen „pro centum" und bedeutet „von Hundert". Damit ist also der 100ste Teil eines Ganzen gemeint.

R

Rohstoffe. Dies sind die Hauptbestandteile eines Produktes, z. B. Leder und Kunststoffe für Bälle, Holz für Möbel, Wolle für bestimmte Textilien. Aufwendungen für Rohstoffe werden im Konto AWR im Soll gebucht.

S

Schlussbilanzkonto (SBK). Das Schlussbilanzkonto erfasst alle Schlussbestände der aktiven und passiven Bestandskonten zum Geschäftsjahresende. Es ist somit das Gegenkonto für den Abschluss aller Bestandskonten. Das Schlussbilanzkonto ist identisch mit der Eröffnungsbilanz des nachfolgenden Geschäftsjahres.

Sparen. Sparen bedeutet Konsumverzicht in der Gegenwart für mehr Konsum bzw. Sicherheit in der Zukunft. Sparen heißt weniger auszugeben als man einnimmt. Gespart wird am besten am Monatsanfang. Es ist vernünftig, einen festen Prozentsatz vom Einkommen, z. B. Taschengeld oder Ausbildungsvergütung, zurückzulegen.

T

Tabellenkalkulation. Dabei handelt es sich um ein für Rechnungswesen unverzichtbares Softwareprogramm zur Erstellung von Tabellen und Grafiken sowie zur Durchführung von Berechnungen am PC.

Taschengeld. Knapp 7 % aller bundesdeutschen Kinder zwischen 6 und 17 Jahren erhalten gar kein Taschengeld. Im Übrigen hängt die Höhe vom Alter und den damit verbundenen Verpflichtungen ab. Wie viel und was muss davon finanziert werden?

T-Konto. Die Veränderungen der Bilanzposten werden auf T-Konten gebucht. Mehrungen in aktiven Bestandskonten erscheinen im Soll, Minderungen in aktiven Bestandskonten im Haben. Mehrungen in passiven Bestandskonten werden im Haben gebucht, Minderungen in passiven Bestandskonten im Soll.

U

Überweisung. Der Schuldner weist seine Bank an, die gewünschte Summe vom eigenen Konto abzubuchen und auf das Konto des Gläubigers gutzuschreiben. Das beauftragte Kreditinstitut erstellt eine Lastschrift für das Konto des Zahlungspflichtigen und eine Gutschrift für das Konto des Empfängers. Überweisungen können auch am Bankautomaten ausgefüllt und abgeschickt werden.

Umlaufvermögen. Damit sind die kurzfristig im Unternehmen verbleibenden Gegenstände gemeint, z. B. Vorräte, Werkstoffe, Kassenbestand, Bankguthaben. Das Umlaufvermögen wird nach der Liquidität (Flüssigkeit) geordnet.

Umsatzerlöse für Fertigerzeugnisse bzw. eigene Erzeugnisse = UEFE. Es handelt sich um ein Ertragskonto. Wie jedes andere Ertragskonto nimmt UEFE im Haben zu. Auf dem Konto UEFE wird stets der Nettowert der Ware gebucht.

Umsatzsteuer. Dies ist die Steuer, die der Staat bei jedem Kauf von Gütern oder Dienstleistungen erhebt. Nettobetrag bedeutet, dass die Umsatzsteuer noch nicht berücksichtigt wurde. Bruttobetrag heißt, dass die Umsatzsteuer schon enthalten ist. Der Umsatzsteuersatz beträgt bei den meisten Produkten 19 %, bei Lebensmitteln und Druckerzeugnissen nur 7 %.

V

Verbindlichkeiten. Dieser Begriff trifft zu, wenn die gelieferte Ware nicht sofort bezahlt wird. Der Zahlungspflichtige schuldet dem Lieferer Geld. Das Konto Verbindlichkeiten (VE) ist ein Passivkonto. Jede Mehrung wird im Haben, jede Minderung im Soll gebucht.

Vermögen. Während sich Kapital auf die Mittelherkunft bezieht, ist mit Vermögen die Mittelverwendung gemeint. Was geschieht mit dem Geld? Wofür wird Geld ausgegeben oder gespart?

Verrechnungsscheck. Er ist besonders sicher, wenn die Empfängeranschrift vollständig ausgefüllt ist. Der Buchungsweg lässt sich exakt zurückverfolgen, da der Betrag nicht bar ausgezahlt, sondern auf das Konto des Empfängers gutgeschrieben wird. Mit dem Vermerk „Zur Verrechnung" lässt sich jeder Barscheck in einen Verrechnungsscheck umwandeln.

Vorsteuer. Die Umsatzsteuer, die einem Unternehmen beim Einkauf berechnet wird, heißt Vorsteuer (VORST). Die Vorsteuer wird vom Netto-Warenwert berechnet. Die gezahlte Vorsteuer stellt eine Forderung an das Finanzamt dar.

W

Werkstoffe. Sie werden beim Einkauf im Soll eines Aufwandskontos gebucht. Beim Kauf von Werkstoffen fällt immer Vorsteuer (VORST) an. Werkstoffe werden in vier Gruppen unterteilt:
a) Rohstoffe als Hauptbestandteil eines Produkts, z. B. Lederschäfte, Schuhsohlen,
b) Hilfsstoffe als Nebenbestandteil eines Produktes, z. B. Lacke, Farben, Ösen, Klebstoffe,
c) Betriebsstoffe, die beim Produktionsprozess unentbehrlich sind, aber nicht in das Produkt eingehen, z. B. Strom, Wasser, Schmierstoffe, Öl,
d) Fremdbauteile, die von anderen Herstellern (Zulieferern) bezogen und in das eigene Produkt eingebaut werden, wie Stollen für Sportschuhe, Rollen für Koffer.

9.3 Sachwortverzeichnis

A

Abschluss der Konten: 166, 167
Aktiv-Passiv-Mehrung: 107, 109
Aktiv-Passiv-Minderung: 108, 109
Aktiv-Tausch: 106, 109
Aktivkonto: 115, 153, 179
Aktivseite: 92
Anfangsbestände: 113
Anlagevermögen: 85, 93
Arbeitsleistung, ausführende: 78
Arbeitsleistung, leitende: 78
Aufbewahrungsfrist: 82
Aufwandskonto: 136, 153
Aufwendungen: 179
Aufwendungen für Betriebsstoffe (AWB): 137
Aufwendungen für Fremdbauteile (AWF): 137
Aufwendungen für Hilfsstoffe (AWH): 137
Aufwendungen für Rohstoffe (AWR): 137
Ausgaben, fixe: 18, 27, 30
Ausgaben, variable: 18, 19, 27, 30
Ausgangsrechnung: 144, 145

B

Barscheck: 40
Barzahlung: 35
Bedürfnis: 9
Beleg: 55, 99, 101, 102
Belege, künstliche: 101
Bestandskonten: 114, 153
Bestandskonten, aktive: 112, 113
Bestandskonten, passive: 112, 113
Betriebsmittel: 78
Betriebsstoffe: 75, 133
Bilanz: 89, 90, 91, 92, 93, 155
Bilanzstruktur: 93
Bilanzveränderungen: 109
Bruttobetrag: 59, 124
Bruttoeinkommen: 11
Buchführung, doppelte: 179
Buchführung, ordnungsgemäße: 98, 99

Buchführungspflicht: 82
Buchhalternase: 167
Buchung bei Werkstoffen: 140
Buchung der Vorsteuer: 127
Buchungen in T-Konten: 130
Buchungen, laufende: 160
Buchungsanweisung: 115
Buchungskreislauf: 154
Buchungslesen: 129
Buchungssatz, einfacher: 116, 117, 118
Buchungssatz, zusammengesetzter: 121
Buchungsstempel: 117
Budgetplan: 29, 31

D

Dauerauftrag: 43, 44, 45

E

ec-Karte: 42
Eigenbelege: 101
Eigenkapital: 81, 85, 171, 172, 179
Eingangsrechnung: 133
Einkauf: 123
Einkommen: 29
Einkommensart: 11, 12
Einkommenshöhe: 11
Einkommensverwendung: 16
Einzelunternehmen: 69
Einzelunternehmung: 71
Einzugsermächtigung: 45
Einzugsverfahren (Lastschriftermächtigung): 44, 45
Erfolgskonten: 153
Erkundung eines Unternehmens: 66
Eröffnung der Konten: 156, 157
Eröffnung von Konten: 159
Eröffnungsbilanz: 154
Eröffnungsbilanz des darauf folgenden Geschäftsjahres: 176
Eröffnungsbilanzkonto: 157, 158
Ertrag: 146

Ertragskonto: 153
Euro: 36
Europäische Union (EU): 36

F

Fälligkeit: 85
Fertigerzeugnisse: 142
Firmengründung: 71
Firmenname: 72
Forderungen: 80
Forderungen aus Lieferungen und Leistungen: 82
Fremdbauteile: 75, 133
Fremdbelege: 101
Fremdkapital: 81

G

Gehalt: 12
Geld: 10, 36
Geschäftsfall: 96, 97, 105
Gewinn und Verlust (GUV): 168, 179
Gewinnermittlung: 170
Grundwert: 50, 51, 52
Grundwert, vermehrter: 60, 61

H

Handel/Dienstleistung: 67
Handeln, wirtschaftliches: 9
Handelsregister: 72
Haushaltsbuch: 28
Haushaltseinkommen: 11, 14
Haushaltsplan: 21, 23, 24, 25, 27
Hilfsstoffe: 75, 133

I

Internetbanking: 46, 47
Inventar: 81, 83, 86, 91, 93
Inventarliste: 83, 85
Inventur: 81, 86

J

Just-in-time-Produktion (JIT): 136

K

Kapital: 81, 82, 92
Kindergeld: 12
Konsumieren: 16, 25, 26
Kontenabschluss, allgemeiner: 167
Konto GUV: 168, 170, 172
Kontoauszug: 56
Kosten, fixe: 19
Kreditkarte: 42
Kundenorientierung: 142, 143

L

Liquidität: 85, 93
Lohn: 12

M

Mehrwertsteuer: 151

N

Nettobetrag: 59, 124
Nettoeinkommen: 11

O

Onlinebanking: 48
Ordnungskriterium: 85

P

Passiv-Tausch: 109
Passivkonto: 115, 153, 179
Passivseite: 92
PIN: 47
Prinzip der kaufmännischen Vorsicht: 29, 31
Produktionsfaktoren, betriebliche: 77, 78

Prozentrechnung: 49, 50
Prozentsatz: 50, 51, 52
Prozentsätze, bequeme: 52
Prozentwert: 50, 52

Q

Quittung: 56

R

Rechnungsbetrag: 123, 145
Rechtsform: 73
Regelsteuersatz: 151
Reinvermögen: 85
Rohstoffe: 75, 133

S

Saldo: 167
Scheck: 39
Scheckkarte: 41, 42
Schlussbilanz: 176, 179
Schlussbilanzkonto: 174, 175, 179
Schulden: 85
Selbstständigkeit: 69
Sparen: 16, 17, 25, 26
Steuersatz, ermäßigter: 151

T

T-Konto: 91
TAN: 48
Taschengeld: 32
Taschengeldplaner: 31, 33

U

Überschuldung: 19
Überweisung: 38, 39
Überweisungsformular: 56
Umlaufvermögen: 85, 93
Umsatzerlöse für eigene Erzeugnisse: 147
Umsatzerlöse für Fertigerzeugnisse: 144
Umsatzsteuer (UST): 57, 60, 123, 124, 145, 150, 151, 152
Umsatzsteuersatz: 124
Unterkonto: 172
Urproduktion: 66

V

Verarbeitung/Produktion: 67
Verbindlichkeiten: 80
Verbindlichkeiten aus Lieferungen und Leistungen: 81
Vermögen: 79, 81, 82, 92
Verrechnungsscheck: 40
Vorkontierungsblätter: 160
Vorsteuer (VORST): 123, 124, 152
Vorsteuer-Buchungssatz: 128

W

Warenwert, netto: 123
Werkstoffe: 75, 78, 133, 136
Wirtschaft (Ökonomie): 9

Z

Zahlungsverkehr: 34, 35
Zahlungsziel: 123, 145

9.4 Wichtige Abkürzungen

A

AWB	Aufwendungen für Betriebsstoffe
AWF	Aufwendungen für Fremdbauteile (Vorprodukte)
AWH	Aufwendungen für Hilfsstoffe
AWR	Aufwendungen für Rohstoffe

B

BA	Büroausstattung
BK	Bankguthaben
BGB	Bürgerliches Gesetzbuch
BGR	Bebaute Grundstücke
BM	Büromaschinen
BMT	Büromaterial
BVG	Betriebs- und Verwaltungsgebäude

E

EBK	Eröffnungsbilanzkonto
EK	Eigenkapital
EU	Europäische Union

F

FO	Forderungen aus Lieferungen und Leistungen
FP	Fuhrpark

G

G	Gehälter
GG	Grundgesetz
GUV	Gewinn- und Verlustkonto

H

HGB	Handelsgesetzbuch
HR	Handelsregister

I

IHK	Industrie- und Handelskammer

K

KA	Kasse
KBKV	kurzfristige Bankverbindlichkeiten (bis zu einem Jahr)

L

L	Löhne
LBKV	langfristige Bankverbindlichkeiten (über ein Jahr)

M

MA	Maschinen und Anlagen

P

PIN	Persönliche Identifikationsnummer

S

SBK	Schlussbilanzkonto

T

TAN	Transaktionsnummer

U

UEFE	Umsatzerlöse für eigene Erzeugnisse (Fertigerzeugnisse)
UGR	Unbebaute Grundstücke
UST	Umsatzsteuer
UStG	Umsatzsteuergesetz

V

VE	Verbindlichkeiten aus Lieferungen und Leistungen
VORST	Vorsteuer

9.5 Kontenplan und Abkürzungsverzeichnis nach dem IKR (Industriekontenrahmen – vereinfachte Form für die 7. Klasse)

AKTIVKONTEN		PASSIVKONTEN		AUFWENDUNGEN		ERTRÄGE	
Sachanlagen:		**Eigenkapital**	EK	**Materialaufwand:**		**Umsatzerlöse:**	
Unbebaute Grundstücke	UGR			Aufwendungen für Rohstoffe	AWR	für eigene Erzeugnisse (Fertigerzeugnisse)	UEFE
Bebaute Grundstücke	BGR						
Betriebs- u. Verwaltungsgebäude	BVG	**Verbindlichkeiten:**		Aufwendungen für Fremdbauteile (Vorprodukte)	AWF		
Maschinen und Anlagen	MA	kurzfristige Bankverbindlichkeiten (bis zu einem Jahr)	KBKV				
Fuhrpark	FP			Aufwendungen für Hilfsstoffe	AWH		
Büromaschinen	BM	langfristige Bankverbindlichkeiten	LBKV	Aufwendungen für Betriebsstoffe	AWB		
Büroausstattung	BA						
		Verbindlichkeiten aus Lieferungen und Leistungen	VE			**Eröffnung/Abschluss:**	
Forderungen und sonstige Vermögensteile:						Eröffnungsbilanzkonto	EBK
Forderungen aus Lieferungen u. Leistungen	FO	Umsatzsteuer	UST			Schlussbilanzkonto	SBK
Vorsteuer	VORST					Gewinn- und Verlustkonto	GUV
Bankguthaben	BK						
Kassenbestand	KA						

192